# 文化差异视角下
# 汉英语言文化比较研究

王芳 著

中国纺织出版社有限公司

# 内 容 提 要

语言是文化的载体，每种语言的语法结构和词汇特点都反映了特定文化背景下人们的认知模式和价值观。基于此，本书结合汉语和英语两种语言所代表的东西方文化传统之间的共性和差异，系统地比较分析汉语和英语两种语言，探索它们在不同文化背景下的语法规则和表达习惯，并剖析这些表达方式对跨文化交流的影响。通过比较研究汉英语言文化，帮助人们更深入地理解和尊重其他语言使用者的语言习惯和思维方式，促进跨文化交流和理解，构建合作共赢的世界。

**图书在版编目（CIP）数据**

文化差异视角下汉英语言文化比较研究/王芳著.
北京:中国纺织出版社有限公司,2025.7.--ISBN
978-7-5229-2853-1

Ⅰ.H1-05；H31-05

中国国家版本馆CIP数据核字第20256L8A85号

---

责任编辑：向 隽 史 倩　　　特约编辑：韦 春
责任校对：李泽巾　　　　　　　责任印制：储志伟

---

中国纺织出版社有限公司出版发行
地址：北京市朝阳区百子湾东里A407号楼　邮政编码：100124
销售电话：010—67004422　传真：010—87155801
http://www.c-textilep.com
中国纺织出版社天猫旗舰店
官方微博http://weibo.com/2119887771
天津千鹤文化传播有限公司印刷　各地新华书店经销
2025年7月第1版第1次印刷
开本：710×1000　1/16　印张：8.25
字数：118千字　定价：98.00元

---

# 前　言

在全球化的今天，语言不仅是沟通的工具，更是理解和表达文化的桥梁。随着文化交流的日益增多，对于语言如何在不同文化间传达意义、表达情感和塑造认知的理解变得尤为重要。《文化差异视角下汉英语言文化比较研究》一书旨在探索汉语和英语两大语言体系在文化差异背景下的交互影响，通过深入比较两种语言在表达方式、思维习惯、社会构造和文化认同等方面的异同，揭示语言与文化的内在联系。

本书的研究不仅基于广泛的文献回顾，包括历史文献、现代语言学研究以及跨文化交流的实际案例，还结合了作者的个人经验和实地研究，试图为读者提供一个多维度的视角，深入理解文化如何影响语言的使用和发展。从语言表达中的价值观，到语法结构对思维方式的影响，再到保护与传承本土语言的策略，本书涵盖了一系列丰富的主题，旨在构建一个全面的理解框架。通过对比分析，我们发现尽管存在明显的文化差异，汉语和英语在某些方面也展示了惊人的相似性和互补性。这些发现不仅增进了我们对语言文化内在机制的认知，也为跨文化交流和语言教学提供了实际的指导和建议。

随着世界日渐成为一个信息互联的"全球村"，理解和尊重文化差异以及通过语言来建立真正的全球对话变得尤为重要。希望本书能够激发更多学者和实践者对语言文化研究的兴趣，并促进更加和谐的国际关系和共建人类共同的未来。

期待读者能通过阅读本书，加深对汉语和英语文化差异的理解，并在此基础上提升自身的跨文化交流能力。

王芳

2025年4月

# 目  录

# 第一章　文化差异与语言文化

　　在人类社会中，文化差异与语言文化反映了人类社会的多样性，更是促进跨文化交流和理解的桥梁。文化差异是丰富多彩的文化遗产。不同文化背景下的价值观念、行为模式、习俗和信仰构成了世界文化的独特风景。这种多样性使人类社会变得丰富而有趣，让人们能够从不同角度理解世界，拓展认知的边界。

　　在全球化的今天，不同国家、民族和文化背景的人们频繁交往，理解和尊重文化差异是有效交流的前提。语言文化作为文化的表达方式，承载了丰富的文化内涵和历史积淀，通过学习和理解他人的语言文化，可以促进跨文化交流的顺利进行，减少误解和冲突。语言文化也反映了人类对世界的独特理解和认知。不同语言中的词汇、表达方式、隐喻和比喻等都承载着特定文化背景下的思维模式和观念。因此，通过学习他人的语言文化，可以深入了解其文化认知和价值取向，增进对他人的理解和尊重。

　　文化差异与语言文化的重要性还体现在其对个体认同和社会凝聚力的影响上。语言文化是文化认同的重要组成部分，它塑造了个体的身份认同和社会归属感。理解和尊重不同的语言文化，有助于促进社会的和谐共处和文化的多元共生。

# 第一节　文化差异的概念及其对语言使用的影响

## 一、文化差异的概念及范围

### （一）概念

文化差异是指不同社会群体或个体之间在文化认知、价值观念、行为模式和社会组织等方面存在的差异。这些差异是由于不同文化背景、历史演变、社会结构、地理环境和民族信仰等因素所造成的，促使人们在认知、行为和社会互动中表现出多样性和独特性。

### （二）文化差异涵盖的范围

1.符号系统和意义构建

文化中的符号系统是人类社会的重要组成部分，它包括语言、象征、仪式等各种符号，这些符号在不同文化中的解读和意义构建方式可能存在显著的差异。这种差异导致了同一种颜色、动物或行为在不同文化中具有不同的象征意义，反映了文化多样性和动态性。

不同语言有不同的词汇和语法结构，因此对于同一个事物或概念的描述可能存在差异。例如，在某些文化中，对于颜色的分类和命名可能与其他文化有所不同，某种颜色在一种文化中可能代表幸福和吉祥，而在另一种文化中则可能代表悲伤或不祥。

象征和符号在文化中扮演着重要的角色。某种动物或物品在一种文化中可能具有特定的象征意义，而在另一种文化中则可能有完全不同的含义。

仪式和习俗也是文化中的重要符号。不同文化对于同一种仪式或行为可能赋予不同的意义和价值。例如，婚礼在不同文化中可能有截然不同的仪式和象征，代表着不同的家庭价值观和社会意义。

这些文化符号的差异反映了不同文化对世界的认知和价值取向的多样性。这种多样性丰富了人类社会的文化遗产，但也带来了跨文化交流和理解的挑战。在跨文化交流中，理解和尊重不同文化的符号系统和象征意义是至关重要的，可以促进文化之间的互相学习和尊重，避免误解和冲突。

2.价值观念和道德准则

文化中的价值观念在塑造人们行为方式和社会规范方面起着至关重要的作用。不同文化对道德、美学、人生观等价值的看法和强调程度存在差异，反映了文化多样性和社会的动态性。

道德是指人们对于善恶、正误和责任等方面的认知和判断，而不同文化对于这些道德原则的侧重点和强调程度可能有所不同。例如，在一些文化中，强调个人责任和诚实正直是道德的核心，而在另一些文化中，重视集体利益和忠诚孝顺更被看作有道德的表现。

美学观念也因文化而异。美学是指人们对于美的感知和评价，包括艺术、音乐、建筑等领域。不同文化对于美的定义和美学标准可能存在差异。例如，某些文化更重视内在的平和与和谐美，而另一些文化则更倾向于外在的豪华和独特性。

人生观则涉及人们对于生命意义、幸福和个体发展的理解和追求。不同文化对于人生目的和生活方式的看法可能截然不同。例如，一些文化注重物质成就和社会地位，而另一些文化则更强调心灵平静和精神追求。

这些价值观念在一定程度上指导了人们的行为方式和社会规范。它们构成了文化的基础，影响着人们的日常决策、社会互动和个体发展。理解不同文化的价值观念，可以帮助我们更好地理解和尊重他人，避免误解和冲突。在跨文化交流和互动中，意识到文化的多样性和差异性是至关重要的。通过开放的心态和包容的态度，我们可以学习和借鉴其他文化的优秀之处，同时保持对自身文化的认同和尊重。

### 3.行为模式和社会互动

文化中的行为模式和社会互动方式反映了文化对礼仪、沟通方式和决策方式的理解和重视程度，同时也揭示了文化内部的社会组织和权力结构的差异。这种差异既体现了文化的多样性，也影响着人们的社会行为和生活方式。

礼仪是指人们在社会互动和人际关系中所遵循的规范和准则。不同文化对于礼仪的重视程度和具体内容可能存在显著的差异。例如，在一些文化中，尊重长者和尊重家族成员是礼仪的重要组成部分，而在另一些文化中，注重个人尊严和自由可能更被看作讲礼仪的表现。

沟通方式在不同文化中也呈现出多样性。沟通方式涵盖了语言和非语言交流、表达方式等多个方面。不同文化对于直接和间接沟通、言辞的措辞和语气以及身体语言的使用可能存在差异。例如，一些文化更注重言辞的礼貌和间接表达，而另一些文化则更倾向于直接和坦诚的沟通方式。

决策方式也受到文化的影响。不同文化对于权威、集体决策和个人权利的看法可能有所不同，从而影响到决策的过程和结果。

这些差异反映了文化内部的社会组织和权力结构。不同文化对于权力的分配、社会角色的认知和社会地位的评价可能存在差异，从而影响到人们的行为模式和社会互动方式。理解这些差异有助于我们更好地适应跨文化环境，增进文化间的理解和尊重。在跨文化交流和互动中，我们需要保持开放的心态和包容的态度，尊重不同文化的行为模式和社会互动方式。

### 4.习俗和传统

不同文化在节日庆祝、家庭结构、婚丧嫁娶、饮食习惯等方面都展现出独特的习俗和传统，这些习俗和传统不仅是文化认同的重要标志，也在社会凝聚力和身份认同中扮演着关键的角色。

不同文化有各种各样的节日和庆典活动，这些活动不仅是人们欢庆特定时刻或纪念重要事件的方式，更是传承文化、弘扬价值观念的重要载体。

不同文化对于家庭的构成和角色分工有着不同的理解和安排。

婚礼和丧礼在每种文化中都是重要的仪式，反映了对生死、爱情、家庭的态度和价值观。

　　饮食习惯也是文化传统的重要组成部分。不同地域和民族的饮食文化反映了当地的气候、资源和历史。食物的准备、食用方式、节日食品等都体现了文化认同和社会凝聚力。

　　这些习俗和传统不仅丰富了人类文化的多样性，更促进了社会的凝聚力和身份认同。人们通过参与和传承这些习俗和传统，感受到自己与特定文化的联系和归属感，从而形成共同体和社区意识。在跨文化交流中，理解和尊重他人的习俗和传统，有助于增进文化之间的互信和友谊，推动共同发展和繁荣。文化中的习俗和传统是人类文明的宝贵遗产，它们激发着人们的情感和归属感，弘扬着文化的独特魅力。

## 二、文化差异对语言使用的影响

### （一）词汇和表达方式

　　不同文化对同一概念的词汇和表达方式的差异是语言和文化多样性的体现，反映了人类社会在认知和表达方面的丰富和多样性。这种差异不仅仅是语言形式上的差异，更深刻地展示了不同文化对于重要概念、价值的理解和重视程度的不同。

　　语言是文化的载体，而文化则塑造了人们的语言方式和表达习惯。不同的文化背景和社会环境导致了对于同一概念的不同词汇和表达方式。

　　例如，对于"家庭"这一概念，在不同文化中可能有不同的称呼和理解。在某些文化中，家庭被视为核心单位，强调亲情和共同生活的重要性；而在另一些文化中，家庭可能更加广义，包括扩展家庭和亲戚关系。

　　对于"礼仪"这一概念，不同文化可能有不同的表达方式和行为规范。在一些文化中，礼仪强调对长辈和权威的尊重和遵从；而在另一些文化中，礼仪则更加注重对所有人的平等和尊重。

　　"自由"这一概念在不同文化中也有不同的理解和表达。在某些文中，自由被视为个体权利和独立选择的基础；而在另一些文化中，自由可能更多地与社会责任和集体利益相结合。

（二）语言的礼貌和尊重度

文化差异对语言中的礼貌和尊重表达方式产生重要影响，反映了不同文化对社会互动和人际关系的理解和重视程度。在跨文化交流中，理解和适应语言的礼貌表达方式至关重要。文化差异导致了不同的礼貌和尊重表达方式。在东方文化中，人们注重使用敬语或特定的礼貌称谓来表示尊重和礼貌。相比之下，也有一些文化更倾向于直接和简洁的表达方式，不太注重语言的敬语和礼貌称谓。例如，在西方文化中，有些人更习惯直接称呼对方的名字或使用简洁的语言来表达想法，而不太使用复杂的敬语。这种直接表达的方式反映了对于个体自由和平等的重视。

当不同文化背景的人们交流时，理解和尊重对方的语言习惯是至关重要的。如果不了解对方文化的礼貌表达方式，可能会导致误解或不适当的沟通。

（三）语气、语调和非语言交流

1.语气和语调的差异

在不同文化中，语气和语调的使用方式反映了对情感表达和交流方式的理解和重视程度，这种差异在跨文化交流中可能导致误解。例如，有些文化中的人们倾向于直接、强烈地表达情感和观点。他们通常会大声说话，使用丰富的手势来增强语言的表达力，强调直接和真实的交流方式。在这种文化中，语气和语调往往显得充满活力和激情，人们习惯于表达自己的情感，展示个性和热情。相比之下，在其他一些文化中，人们更注重语气的平和，强调礼貌和克制。他们可能倾向于使用较为温和稳定的语调，避免过于强烈的表达方式。这种文化特点反映了对于交流方式的不同理解，强调在交流中保持平和与和谐。

这种语气和语调的差异可能导致在跨文化交流中产生误解或不适应。使用强烈语气和语调的人可能被其他文化的人误解为过于激烈或冲动，而其他文化较为温和的表达方式则可能在另一种文化中显得缺乏真诚或热情。因此，理解和适应不同文化背景下的语气和语调习惯是促进跨文化交流和建立良好关系的重要一步。尊重并接纳对方的语言习惯和交流方式，积极学习和适应跨文化交流中的差异，有助于增进相互理解，有效应对可能出现的挑战和障碍，促进有效沟通，建立良好关系。

2.非语言交流的解读差异

非语言交流在人类交流中扮演着重要的角色，包括面部表情、姿势和眼神等。然而，不同文化对于非语言信号的解读和重视程度可能存在差异，这反映了人们对于交流方式和表达习惯的不同理解。举例来说，眼神接触在某些文化中被视为自信和尊重的表达方式。在这些文化中，通过与对方进行眼神交流，人们表达出自己的注意和尊重，展示出自信和坦诚的态度。然而，在另一些文化中，眼神接触可能被解读为侵犯个人空间或不礼貌。在这些文化中，避免过多的眼神接触被视为尊重对方的隐私和个人空间。

通过跨文化交流和体验，人们可以逐渐理解和习惯不同文化背景下的交流方式和表达习惯。这需要尊重并接纳对方的文化特点，积极学习和适应不同的交流风格和习惯。通过培养对其他文化的理解和尊重，我们可以促进跨文化理解和有效沟通，减少误解和冲突。重视非语言交流的重要性，并注意不同文化对于非语言信号的解读差异，是促进良好关系和有效沟通的关键。尊重并包容不同的交流习惯和表达方式，有助于建立信任和友好关系，增进相互理解，从而促进跨文化交流和合作的发展。

（四）隐喻和比喻

在不同文化背景中，隐喻和比喻的理解和运用受到特定文化经验和认知方式的影响，这导致了同样的隐喻或比喻在不同文化中产生不同的理解和效果。正确理解和运用隐喻与比喻需要对文化背景有深入的了解和掌握，这对于跨文化交流和沟通至关重要。

隐喻和比喻是两种常见的修辞手法，用来传达抽象概念或复杂情感。然而，它们的效果和理解往往受到特定文化背景的影响，因为隐喻和比喻常基于特定文化的象征和经验构建。隐喻和比喻的差异体现了不同文化对象征意义的理解和重视程度。举例来说，在西方文化中，"时间就是金钱"常被用来表达时间的珍贵和重要性。这个隐喻暗示时间就像金钱一样宝贵，需要有效地利用。然而，在东方文化中，人们可能会使用"时光如水"的比喻来表达时间的流逝和无常。这个比喻将时间比作流水，强调时间的无法停滞和不可逆转性。同样的事物在不同文化中可能产生不同的隐喻和比喻。这是因为文化背景塑造了人们对象征意义的认知方式和体验。文化中的特定符号、习惯以及历史经验会影响人们对隐喻和比喻的解读。因此，了解和掌握特定文化背景对于正确理解、运用隐喻和比喻至关重要。

理解隐喻和比喻的文化背景可以帮助人们避免误解和沟通障碍。尊重并学习他人的文化背景和修辞习惯，有助于促进有效的跨文化交流和理解。通过交流和体验，人们可以拓宽视野，加深对不同文化间的象征和认知方式的理解，从而促进文化多样性的尊重和发展。

（五）言语风格和交际模式

文化差异对言语风格和交际模式产生重要影响，反映了不同文化对交流方式和社会互动的理解和重视程度。在跨文化交流中，理解和适应这种差异是促进有效沟通和建立良好关系的关键。文化背景影响了言语风格的选择和使用。人们更注重正式和仪式化的交流方式，强调礼貌和尊重。例如，在东方文化中，人们倾向于使用敬语和礼貌用语，在交流中保持一定的距离和尊重。而在西方文化中，交流更加直接和开放，强调个体表达和自由交流。这种言语风格的差异反映了文化对于社会互动和个体关系的不同理解。

不同文化倾向于采用不同的交际模式。一些文化更注重集体和社会群体的互动，强调团体意识和集体责任；而另一些文化更强调个体主义和个体表达。

适当地调整和理解不同文化的言语风格和交际模式，尊重并接纳对方的交流方式和表达习惯，有助于建立良好的沟通关系和互信。学习和适应不同文化的交际模式，提升跨文化沟通能力和文化敏感度，能促成有效的沟通和合作。

# 第二节　汉语和英语文化的基本特征

## 一、汉语文化

汉语文化是指使用汉语作为主要语言的中国文化，它具有悠久的历史和丰富的文化底蕴，涵盖了语言、文学、艺术、哲学、礼仪等各个方面。汉语文化是世界文化宝库中的重要组成部分，其独特性和深刻性深受世界各国的关注和研究。

### （一）文化和思想传统

#### 1.汉字的象形文字

汉字是汉语文化的重要标志，其演变和发展反映了中国文化的变迁和发展，是中国文化传承的重要符号。汉字的每一个笔画、每一个部首，都承载着千百年来文化的沉淀和积累，是中国人民智慧的结晶。

汉字不仅是文字，更是一种文化的传承和象征。汉字的艺术性和美感，体现了中国文化的独特魅力。汉字的书法艺术更是中国传统文化的重要表现形式，通过笔墨的运用展示出文化的深邃内涵和审美情趣。汉字作为汉语文化的独特符号，承载了中国人民的历史记忆和文化传统。汉字不仅是文字的载体，更是文化的桥梁和沟通的纽带，将古代的智慧和现代的理念传承下来，为中国文化的传承和发展提供了重要的支撑和基础。

#### 2. 承载的哲学思想体系

汉语文化承载了多种古代哲学思想体系，其中儒家、道家和佛家的思想是最具代表性和影响力的。这些哲学体系深刻地影响了中国人民的生活方式、行为准则和社会秩序，体现了汉语文化的深刻内涵和精神特质。

（1）儒家思想

儒家思想强调了人伦关系和社会秩序的建立。儒家认为人与人之间应该互相关爱、互相尊重，建立和谐的人际关系。以仁爱之心对待他人，可以实现社会的和谐与稳定。

儒家思想强调了忠孝的重要性，强调子女对父母的尊敬、孝顺和照顾，以及君臣、父子、兄弟之间的义务和责任关系。儒家认为，孝顺父母是天经地义的行为，是家庭和社会稳定的基石。同时，儒家思想强调了君臣之间、父子之间、兄弟之间的亲情和义务，倡导人们遵循天命，恪守责任，维护社会秩序和谐。

儒家思想对中国文化的道德观念和社会伦理产生了深远影响，塑造了中国人民勤奋守信、尊重长辈、重视教育的传统。这种传统价值观不仅影响了个人的行为准则，也构建了中国社会的基本伦理框架。儒家思想通过强调人与人之间的关系和社会秩序，促进了社会的和谐发展，为中国文化的传承和发展提供了重要的思想基础和精神支撑。

（2）道家思想

道家思想是中国古代哲学中的重要流派之一，其核心理念是无为而治、顺应自然。道家认为，人应该顺其自然，不要刻意干预自然的发展和变化，而是要顺势而为，体验自然的变化和流动。在道家看来，强求于外、过度干预反而会破坏自然的平衡和和谐。

道家强调个体的内在修养和与自然的和谐共生。道家追求心灵的平和与自由，主张通过修炼心性、保持内心的宁静，达到超脱世俗、超越物质欲望的境界。道家认为，人应该追求精神上的富足和内在的成就，而不是被外界的功名利禄所左右。

道家的思想影响了中国文化的审美观念和行为方式。道家提倡从容淡泊、超脱世俗的生活态度，强调内心的宁静和平和，反对纷扰和浮躁。道家的这种生活态度和审美理念，对中国人民的精神追求产生了深刻影响，塑造了中国人追求内心平静、追求真善美的传统价值观念。

（3）佛家思想

佛家思想自古以来在中国文化中扮演着重要的角色。

佛教的传入对中国人民的心灵世界产生了深远的影响，为中国文化的发展和世界观的形成提供了独特的思想资源，成为中国古代哲学的重要组成部分，为中国人民的精神追求和道德观念注入了深厚的内涵和意义。

（二）礼仪与尊重

汉语文化自古以来就注重礼仪和尊重，将敬重和礼貌视为人与人之间应当遵循的基本行为准则。在汉语文化中，对长辈、师长和权威的尊敬是一种重要的价值观念，体现了传统的社会伦理和道德观念。汉语文化强调了人际关系中的敬重和礼貌。礼仪在汉语文化中是重要的表达方式。汉语文化注重言谈举止的得体和礼节性。例如，对长辈的称呼通常带有尊重和亲昵的意味。在社交场合，人们会遵循行为规范，如礼貌问候、表达谢意和关心，体现出尊重和关怀的态度。

汉语文化中的礼仪和尊重体现了一种传统的道德观念和社会伦理。这种价值观念不仅影响着个体的言行举止，也构建了中国社会的基本行为准则。通过强调尊重和礼仪，汉语文化传承了数千年的传统美德，为人们的社会交往和人际关系建立了和谐的基础，体现了汉语文化中深厚的人文精神和道德品质。

（三）家庭观念和集体主义

汉语文化历来重视家庭观念，将家庭视为个人成长和社会凝聚的重要单位。家庭在汉语文化中扮演着不可替代的角色，是人们情感交流、道德教育和社会融合的核心场所。

汉语文化强调家族的延续和传承。在中国传统观念中，家族是代代相传的重要纽带，承载着祖先的遗志和智慧。家庭成员之间的亲情和血缘关系被视为不可分割的纽带，是个人成长和社会发展的基石。在汉语文化中，人们尊重长辈，关心家人，注重家庭和睦和家族的荣誉传承。

汉语文化中普遍存在的集体主义意识强调个体与集体的关系，重视社会和谐与团结。汉语文化强调"大我"的观念，强调个人应当为集体利益和社会稳定贡献力量。在社会交往和生活中，人们注重团结合作，尊重集体决策和共同利益，强调个人的责任和义务要与整体社会发展相辅相成。

汉语文化中的家庭观念和集体主义意识体现了一种深厚的社会伦理和道德观念。家庭被视为社会的基本单位，是个人情感生活和社会凝聚的重要场所。同时，汉语文化中的集体主义意识强调了社会和谐与团结的重要性，鼓励个体为社会福祉和共同利益做出贡献，体现了汉语文化中深厚的人文精神和社会价值观念。

（四）隐含与间接的交流方式

汉语文化以其倾向于隐含和间接的交流方式闻名，注重言外之意和非言语交流。表达方式往往含蓄而含义丰富，需要借助上下文和语境进行理解。同时，文化内涵在汉语中常常通过象征和隐喻的方式传达，反映了中国文化的深厚历史和复杂性。

在汉语交流中，人们经常使用含蓄的表达方式，不直接点明意思，而是留下一些暗示。这种方式可以增加交流的灵活性和微妙性，让听者更加细心地理解说话者的意图。例如，汉语中常用的委婉语和礼貌用语就是典型的隐含表达方式，传达出一种尊重和关心的态度。汉语中常常使用比喻、典故和成语来表达复杂的观念和价值观。这些文化符号反映了中国文化的深厚历史和传统，具有丰富的文化内涵和象征意义。例如，许多汉字和成语都有深远的历史渊源和文化内涵，需要从文化的角度去解读。

汉语文化的隐含和间接交流方式以及象征和隐喻的表达方式，体现了中国文化的独特性和深邃性。这种交流方式和表达形式不仅反映了中国人民的智慧和文化传统，也为跨文化交流提供了理解和探索的机会，让人们更加深入地认识和体验中国文化的丰富内涵和多样性。

（五）艺术与文学

汉语文化以其独特的文学和艺术形式闻名于世。中国古典文学拥有丰富多彩的体裁，如小说、诗歌、散文、戏曲等，而中国绘画、书法、音乐等艺术形式也展现出独特的风格和特点。这些文学和艺术作品作为汉语文化的重要组成部分，承载了丰富的情感和人文内涵，深刻地反映了中国人民的生活和思想。

1.古典文学体裁丰富

古代中国诗歌以其简洁、含蓄的表达方式而著称，诗人们通过精练的文字描绘自然景观和人情世态，表达内心的情感与思想。例如，宋代文豪苏轼在《念奴娇·赤壁怀古》中写道"江山如画，一时多少豪杰"，通过"江山如画"来表达对美景的赞美，寓意其中的壮阔与情感。唐代诗人白居易的《赋得古草原送别》也通过描写草原的景色，抒发了离别之情，体现了中国古代诗歌的风格和内涵。

2.艺术形式独具特色

中国绘画是一种注重意境和气韵的艺术形式，主要运用水墨表现，追求"意在笔先，形于神韵"的境界。如南宋画家马远的作品《寒江独钓图》就是一幅极具代表性的水墨画作。这幅画通过简洁而富有节奏感的笔墨，表现了作者孤独清寂的意境。在这幅作品中，画家以稳重的笔墨勾勒出寒江孤钓的景象，画面空灵而又不失深远，让人感受到孤独中的宁静和内心的平和。

书法是中国艺术的另一种高雅表现形式，被视为文人雅士的重要修养和表现手段。中国书法强调笔墨之间的力度和节奏，每一笔每一画都蕴含着艺术家的情感和境界。例如，东晋书法家王羲之的《兰亭集序》被誉为中国书法史上的经典之作，展现了王羲之卓越的艺术境界和意境表达。

中国戏曲如京剧、昆曲等也是中国文化的重要表现形式之一。昆曲以其独特的唱腔、舞蹈和表演艺术，承载了丰富的历史和文化内涵。例如，著名的昆曲剧目《牡丹亭》讲述了一段充满悲欢离合的爱情故事，通过戏曲表演形式，传达了深刻的人性和情感触动。

## 二、英语文化

英语文化是指以英语作为主要语言的英语国家文化，广泛分布于全球许多国家和地区。英语文化具有多样性和独特性，反映了英语国家人民的历史、价值观和生活方式。

### （一）实干精神与务实思维

1.实干精神

在工作环境中，英语文化倡导实干精神和结果导向。英语国家的职场文化强调高效率和实用性，重视实际工作的表现和成就。员工被鼓励积极主动地解决问题，注重达成既定目标和交付结果。这种工作文化促进了创新和竞争力，推动了企业的发展和成长。

在教育领域，英语文化重视培养学生的实际技能和应用能力。学生在课堂学习中不仅被要求掌握理论知识，更强调将所学知识应用于实际生活和职业发展中。英语国家的教育体系注重学生的自主学习和创造力培养，鼓励他们在解决现实问题和面对挑战时展现出创新和批判性思维。

在社会生活中，英语文化强调解决问题的能力和务实思维。人们被鼓励面对挑战时果断行动，勇于创新和尝试新的解决方案。英语国家的社会秩序注重法治和效率，倡导公平竞争和公共利益，鼓励个体和组织在社会中发挥积极作用。

2.务实思维

务实思维是英语文化的另一个重要特征，体现在关注实际问题和解决方法上。英语国家的人们更注重实用性和实际效果，强调将想法转化为现实成果。他们倾向于从实际出发，注重解决问题的方法和可行性，而不是空谈和抽象概念。英语文化鼓励人们勇于面对挑战，积极应对困难，追求创新和实用的解决方案。这种务实主义精神激励着人们不断探索和进取，在面对复杂问题时寻找切实可行的解决途径。同时，英语文化也重视创新和改进，鼓励人们勇于尝试新的想法和方法，推动科技和社会的发展。

## （二）个人主义与独立精神

英语文化强调个体权利和自由。个人在社会中享有独立和自主的地位，被鼓励追求个人价值和自我实现。个体的权利受到法律保护和尊重，个人有权选择自己的生活方式和职业道路，享受言论自由和自由表达的权利。

个人责任和个人成就在英语文化中得到重视和鼓励。个体被视为社会的基本单位，个人的努力和成就被认为是社会进步和发展的驱动力。在工作和教育领域，个人的努力和创新能力受到赞赏，个人成就被认为是个体价值的体现。个体被鼓励自主思考和行动，追求个人理想和目标。

个人的独立性和自我表达能力在英语文化中被视为重要的品质，促进了个人的成长和社会的多样性。

## （三）平等与民主价值

英语文化倡导平等和民主。平等对待每个人的权利和尊严是英语文化的核心价值观。在社会中，每个人都应享有平等的机会和待遇。这种平等观念反映在法律制度中，保护每个人的基本权利和自由。

英语文化重视法治和公共参与。法治原则在英语文化中占据重要地位，通过法律和法规维护公民的权利和社会秩序。公共参与是民主社会的基础，鼓励公民积极参与政治和社会事务，表达自己的意见和诉求。

民主是英语文化的重要价值观。在民主制度下，政府和权力受到制约和监督，政策制定和决策过程具有透明度和公开性，鼓励公民行使选举权和言论自由，参与社会治理和公共事务的决策。

## （四）直接与开放的交流方式

### 1.直接表达观点和想法

直接而开放的交流方式是一种突出的特点，反映了这种文化中对于明确性和坦率性的重视。这种交流风格贯穿于各个领域，尤其在工作环境中表现得尤为明显。人们习惯于直接表达自己的观点和想法，不喜欢绕弯子或含糊其词。在工作场合，这种直接性体现在会议和讨论中。在会议上，工作人员往往直截了当地陈述立场或看法，突出重点，避免过多的修饰或拐弯抹角的表达。例如，当讨论一个项目的可行性时，员工会直接提出观点，表明自己的看法，并在讨论中提出明确的建议或解决方案。

这种直接而开放的交流方式反映了英语文化对于效率和清晰沟通的重视。在工作环境中，这种交流风格有助于提高团队合作的效率和准确性。通过直接表达观点和想法，团队成员能够更快地就问题达成共识，采取行动，并推动项目的进展。除了工作环境外，在日常社交中，人们也习惯于直接表达自己的意见和感受。这种开放和坦率的交流风格有助于建立诚信关系，促进人际关系的发展。

2.注重言辞的明确性

言辞的明确和清晰是英语文化中一种重要的特征，体现了对有效沟通和避免误解的重视。英语使用者在交流中倾向于使用具体、清晰的语言，以确保意思得以准确传达，避免歧义和误解。

在书面表达中，英语文化强调使用精准的词汇和表达方式。写作时，人们会选择恰当的词语来准确描述想法或观点。例如，在商务邮件或正式文件中，英语使用者会避免使用模糊或含糊的词汇，而是力求用清晰明了的语言表达意图，确保对方准确理解。

在口头交流中，英语文化也注重言辞的明确性。人们倾向于直接陈述观点或意见，避免模棱两可或含糊不清的表达。例如，在会议或讨论中，英语使用者会以清晰的语言表达自己的想法，以便其他人准确理解并做出相应回应。

清晰的语言有助于建立信任和共识，减少误解和歧义，提高交流的效率和质量。因此，在英语文化中，人们被鼓励学习使用具体、明确的语言，以确保信息的准确传递和理解。

3.开放的沟通风格

开放的沟通风格也是英语文化中一种重要的特征，体现了对坦率交流和合作的重视。英语使用者习惯于分享自己的想法和感受，愿意接受他人的反馈和建议，以促进有效的沟通和合作。英语使用者通常欢迎不同意见和建议，并愿意就问题进行开放性的讨论，以达成共识和解决方案。学生被鼓励表达自己的观点和想法，教师则乐于与学生交流互动。这种开放的学习氛围有助于促进知识的共享和创新，培养学生的批判性思维和解决问题的能力。人们习惯分享自己的生活经历和感受，愿意聆听他人的故事和观点。这种开放性的交流风格有助于建立信任和友谊关系，促进社会互动和文化交流。

4.直率的表达方式

直率的表达方式在英语文化中被视为诚实和坦率的体现，这种特点体现了英语使用者在交流中的直接性和务实性。人们习惯直截了当地提出问题或表达意见，不会绕弯子或使用含蓄的措辞。这种直率的交流风格有助于减少误解和沟通障碍，促进有效沟通和合作。当人们需要提出问题或表达意见时，他们通常会直接陈述，强调重点，避免不必要的修饰或拐弯抹角。例如，在工作环境中，员工可能会直接向同事提出关键问题，明确自己的观点和期待，以促进高效的团队合作，顺利解决问题。

这种直率的交流风格有助于减少误解和沟通障碍。通过直接表达想法和意见，人们能够更清楚地传达自己的意图，避免他人对信息产生错误理解或猜测。这种清晰而直接的沟通方式能够帮助团队成员更有效地协作，共同实现既定目标。人们更注重问题的解决和实际行动，而非过多纠缠于细节或抽象概念。这种务实的交流风格有助于推动工作和项目的进展，促使团队成员集中精力解决关键问题，取得实际成果。


（五）多元文化与包容性

英语文化是多元化的，反映了各种文化背景和价值观念。在英语国家，倡导包容性和多元文化的理念，尊重和接纳不同的文化和信仰，是其核心价值之一。这种多元性体现在各个领域，包括社会生活、艺术文化、教育和政治。

英语国家通常是移民和少数族裔的聚集地，各种不同文化的融合使得社会更加丰富多彩。人们在日常生活中能够接触到来自不同文化背景的人群，学习和尊重彼此的习俗和价值观念，形成了一个多元和包容的社会环境。

英语国家拥有丰富多样的文学、音乐、电影和艺术作品，反映了各种文化背景和观念的交流和碰撞。这些作品不仅丰富了艺术表达的形式和内容，还促进了文化交流和理解。

学校和教育机构致力于提供平等的教育机会，尊重学生的多样性和个性发展，鼓励学生探索和接纳不同文化的知识和经验。这种教育模式培养了开放和包容的思维方式，有助于建立一个多元而和谐的社会。

政治上的多元化体现在法律和政策的制定中。英语国家的法律体系通常保护个人权利和自由，尊重各种宗教信仰和文化习俗。政府致力于建立一个公正和平等的社会，确保每个人都能在自己的文化和价值观念中得到尊重和认可。

（六）文学与艺术传统

英语文化拥有丰富多彩的文学和艺术传统，包括小说、诗歌、戏剧、音乐、电影等多种艺术形式。这些文学和艺术作品在世界文化领域具有重要地位，吸引了全球的关注和欣赏，塑造了英语文化的独特风貌。

英语文学以其卓越的作品享誉世界。例如，英国作家莎士比亚的戏剧作品《哈姆雷特》和《罗密欧与朱丽叶》等，英国小说家狄更斯的《雾都孤儿》、简·奥斯汀的《傲慢与偏见》等作品都深刻地反映了当时社会生活和人性特征，成为世界文学的重要代表。

英语诗歌也是英语文学的重要组成部分。从古至今，英语诗人们创作了许多脍炙人口的诗歌作品，展现了丰富的情感和深刻的思想。例如，约翰·济慈和威廉·华兹华斯的诗篇，通过优美的文字和深刻的意境，感染了世界各地的读者，成为文学史上的经典之作。

英语戏剧和音乐也为英语文化增添了独特的魅力。英国的莎士比亚戏剧、爱尔兰的萨缪尔·贝克特剧作等，体现了英语戏剧在世界舞台上的重要地位和影响力。同时，西方的古典音乐和流行音乐也享誉全球，包括贝多芬、莫扎特等古典音乐大师以及披头士乐队等流行音乐代表，为世界音乐文化做出了重要贡献。

英语文化的电影产业也是世界知名的。英国和美国等英语国家拥有众多著名导演和演员，制作了许多具有影响力的电影作品，如《教父》《阿甘正传》等，深深地影响了世界电影的发展。

# 第二章　语言与文化身份构建

语言与文化身份是一个人与特定社会和群体联系的重要方面。语言是文化的载体，通过语言，人们传递和分享着彼此的价值观、信仰、历史和习俗。因此，语言不仅仅是沟通的工具，更是一种身份的象征。

语言反映了一个人的文化背景和所属群体。一个人说的语言通常与其成长的环境密切相关。例如，说法语的人可能是法国人或生活在法语环境中的人，他们的语言背后承载着法国的文化特征和历史传统。因此，语言成为人们身份的一部分，标志着他们的文化认同。

语言也是文化传承和保存的重要工具。许多民族和社区通过语言将其独特的价值观和传统代代相传。这种语言传承不仅仅是词汇和语法的传递，更是对一种生活方式和思维方式的传承。例如，一些少数民族的语言中可能包含着他们对自然、宗教和社会组织的独特理解，这些都是通过语言得以传承和保存的。

语言还能够帮助人们建立联系和认同感。在异国他乡，说同一种语言的人们常常能够彼此理解，分享相似的文化体验，从而建立起共同的身份感。这种共同的语言与文化身份有助于促进社会凝聚力和共同体的形成。

随着全球化的发展，语言和文化身份也面临着挑战。一些少数语言可能因为使用者减少而逐渐消失，这会导致相关文化的衰退和遗失。同时，随着人们的移居和迁徙，不同文化的交融也给语言和文化身份带来了新的变化。保护和促进语言与文化身份的多样性是非常重要的。这需要从教育、文化政策、媒体等多个方面入手，鼓励人们学习和使用自己的母语，尊重和保护各种语言和文化的多样性，从而实现语言的传承和文化的繁荣发展。

语言与文化身份是紧密相连的，是一个人与社会群体联系的重要纽带。通过语言，人们传递着自己的文化认同，共同构建丰富多彩的文化多样性。

# 第一节　语言对文化身份的表达与塑造

## 一、文化身份的概念

通常，人类社会认为文化是人类社会成员共同拥有的生活方式，是所有人类利用这些生存方法而共同创造的事物，也是所有人类利用这些方式形成的心灵状况和行为方式。现代科学家普遍认为，被称作"文化人类学教父"的英国物理学家泰勒是最早对文化的概念做出重大贡献的人之一。他对文化的定义是科学的，指出"文化是知识、宗教、哲学、道德、法律、习俗和其他作为人类社会学一部分的能力和习俗的集合"。在这个定义中，文化被理解为人类在社会发展过程中创造的一系列事物，包括社会、物质和精神方面。个性是个人或群体的固有特征，是其社会文化的标志。

每个个体从诞生起，就被赋予某种特定社会文化的身份特征，在宏观层次上涵盖了国家、民族身份等；在微观层次上，则涵盖了地区、性别、年龄、信仰、性格、学历、社会职位等。它透过人们的语言活动、所思所想等方式表现出来，向外界社会传递该社会文化的共同特质。而正因为人们所具有的多元社会身份特征又决定着社会文化身份具有多重性，所以即使是同处于一种宏观社会身份群体中的个人，也因为隶属于一些不同的次社会主义文化群体而被彼此区分开。

另外，有人强调，文化是一种普遍的、非传统的经验和标准。同一群体的成员选择一种规范自身行为并评估他人行为的文化。在这方面，泰勒强调了文化群体的普遍性，据他说，这些文化群体是通过其他成员的活动传播和发展起来的。所以，文化身份是每个成员对其自身文化的认可感。一般来说，文化特征是文化及其起源所固有的特征的集合。同一群体的成员长期生活在特定的环境中，创造出自己的文化，进而创造出独特的文化特征。此外，文化身份还是个体或集体对自己文化所形成的一种特殊感觉，其核心是对自己文化的高度认可，包括一个人对自己文化的总体态度。

文化认同是一个特殊的概念，它来源于"认同"一词的内容和国外的研究理论。"身份"是从英语identity翻译过来的。identity本身有两种定义：一是"本身、身份"，也就是"我是谁"；二是"相同、一样"，这是一种具有自身特点的知识。同时，还必须承认其他群体的特性和异质性。由于这一概念强调文化情结的普遍性，identity一词可以解释为"认同"和"身份"，文化认同也可以称为"文化身份"。虽然科学家对文化有不同的定义，但至少在这方面是相同的。换言之，文化是普遍的。在任何层面上，当一个团队被创建时，它都伴随着一种适当的文化，由其成员创造和发展的文化。

## 二、语言如何表达文化身份

### （一）语言的独特词汇与文化身份

语言是文化的镜子，反映了一个社群的价值观、传统和生活方式。每种语言都有其独特的词汇和术语，这些词汇不仅仅是交流工具，更是文化身份的重要表现。通过探究语言中的独特词汇，我们可以窥见不同文化的丰富内涵和特色。

每种语言都可能拥有特定的称谓方式和尊称词。比如，在东方文化中，人们常用"先生""女士"等尊称词来表达对不同年龄和社会地位的人的尊重。这种称谓方式反映了东方文化中对尊重和礼节的重视，体现了一种尊敬他人的文化价值。

语言中的食物词汇也常常承载着文化的魅力和历史。例如，在意大利文化中，面食是重要的饮食元素，他们拥有各种各样的面条类型，如意大利面、千层面等，每一种面食都有其独特的名称和制作方式，反映了意大利人对美食的热爱和精致的饮食文化。

语言中的独特词汇和术语不仅仅是语言本身的工具，更是文化身份的载体和表达方式。通过这些词汇，我们可以了解到不同文化的精神内涵和生活方式，体会到世界各地丰富多彩的文化多样性。因此，保护和传承语言中的独特词汇，不仅有助于维护文化遗产，更有助于促进人类的文化交流和理解，增进不同文化之间的友好互动和合作。

（二）语言的语法与文化意义

语言的语法结构和表达方式反映了不同文化对逻辑、时间和空间概念的理解方式，展现了不同文化在沟通和表达上的独特特点和价值观。不同文化的语言在语法和表达方式上存在着丰富多彩的差异，这些差异深刻地影响了人们的思维方式和交流方式。

语言的直接与委婉反映了不同文化对于沟通方式的偏好和态度。一些语言可能更加倾向于直截了当、简洁明了的表达方式，如英语和德语。这种直接性反映了这些文化中重视效率和直接沟通的价值观。相比之下，一些语言可能更加倾向于委婉和含蓄的表达方式，如汉语和日语。这种委婉反映了保持社交和谐的文化倾向。

语言的时间和空间概念在语法结构和句型中体现出来。一些语言可能对时间的概念更加灵活，强调事件的顺序和发展，而另一些语言可能更加注重事件的状态和持续性。例如，西方语言倾向于使用线性时间观念，强调事件的发生顺序和时间点；相比之下，一些东方语言可能更加注重事件的状态和过程，强调事物的持续性和循环性。

语言的表达方式也可以反映出文化对于逻辑思维的理解方式。一些语言可能更加注重逻辑的连贯性和严密性，表达方式更加直接清晰；而另一些语言可能更加注重情感和隐喻，表达方式更加富有诗意和意象。

语言的语法结构和表达方式是文化的重要组成部分，它们不仅仅是交流工具，更是文化身份和认同的体现。

（三）谚语和成语：文化智慧的精华

谚语和成语是语言中常见的文化表达方式，它们承载着特定文化的智慧、价值观和历史经验。熟悉并正确运用这些谚语和成语不仅展示了对文化的理解和认同，还传递了深刻的文化内涵。

谚语和成语是文化智慧的精华。它们通常经过长期的历史沉淀和社会实践，凝结了人们对生活、道德和人性的深刻思考和总结。通过谚语和成语，人们传递文化的精髓和智慧，将历史经验和道德规范代代相传。它们是文化认同和身份的象征，形成了人们与自己文化的深厚联系。

熟练运用谚语和成语不仅可以丰富语言表达，还能增进人们的交流和理解。在交流中巧妙地运用谚语和成语，不仅可以增添文采和趣味，更能够传递深刻的文化意蕴，促进跨文化的交流和理解。谚语和成语是语言中蕴含的文化宝藏，它们不仅反映了特定文化的智慧和价值观，更是文化认同和传承的重要载体。

（四）方言和口音：地域文化的语言特色

在同一种语言中，不同地区可能会有各自的方言和口音。这些方言和口音不仅反映了地域文化的差异和特色，还将说话者与特定地区或社群联系起来，成为文化身份和认同的重要表现。

方言是特定地区或社群内部使用的语言变体。它们通常包括独特的词汇、发音、语法和语调。方言的形成和传承源于地域特定的历史、人文环境和社会互动。例如，中国的各省市常有自己的方言，如广东话、四川话等，这些方言承载着当地文化和历史的独特特征，是当地居民沟通交流的重要方式。

口音是语言发音的地域性变体。同一种语言在不同地区的发音可能会有细微的差别，反映了地域文化和社会背景的不同。例如，英语在英国、美国、澳大利亚等国家都有各自独特的口音和语调，这些口音常常与说话者的地域身份和社会背景有关，成为文化认同和归属感的标志。

方言和口音的存在不仅丰富了语言的形式和表达方式，更深刻地体现了地域文化的多样性。它们是特定社群或地区的语言遗产，传承着丰富的历史和文化内涵。在日常生活中，方言和口音也常常成为人们认同和归属感的重要来源。说话者的方言和口音往往能够让人们判断其来自何处或属于哪个社群。这种语言特色不仅是交流的方式，更是社会互动和文化交流中的桥梁和纽带。方言和口音是语言多样性和地域文化的重要体现，它们反映了不同地区和社群的历史、生活方式和文化传统。

（五）语言的社交礼节与交际方式

每种语言都有其独特的社交礼节和交际方式，这些差异反映了不同文化对待社交关系的态度和偏好。从正式的礼仪到随和直接的交流方式，不同语言背后的社交习惯展现了丰富多彩的文化特色和社会价值观。

一些语言可能更注重正式的礼仪和尊称。在这些文化中，人们在交流中使用特定的敬语和尊称词，以示对他人的尊重和礼貌。例如，东方文化中的敬语体系非常复杂，对不同场合和不同人的称呼有严格的规定，反映了对礼仪和尊重的高度重视。另一些语言可能更注重随和和直接的交流方式。在这些文化中，人们可能更倾向于直接表达想法和情感，不太讲究形式和礼节。例如，西方文化中的交流风格通常比较随和和直接，人们习惯于开放地表达自己的观点和感受，注重真诚和自然的沟通。

语言的社交礼节也反映了文化对人际关系的看法和态度。一些语言强调社会等级和地位，人们在交流中会注意避免冒犯他人或触碰社会规范。相比之下，另一些语言强调平等和开放，人们更注重彼此之间的真诚和共享。语言的交际方式也受到历史和传统的影响。一些语言的社交礼节反映了长期的历史积淀和文化传统，如中国的礼仪文化和英国的绅士风度，这些传统在现代社会仍然有所体现。语言的社交礼节和交际方式是文化的重要组成部分，它们不仅是人们交流的方式，更是文化身份和社会价值观的体现。

## 三、语言如何塑造文化身份

### （一）社会身份和归属感

1.共享价值观和习惯

在每一个语言社群中，共享价值观和习惯是社会凝聚力和文化认同的重要来源。使用特定语言的人们往往会共享相似的价值观和行为习惯，这些共同之处反映了社群成员对文化传统和社会准则的认同。语言中的词汇和短语反映了社群成员对共同价值观的认同。每种语言都有其独特的词汇和表达方式，其中许多词汇承载着特定社会和文化背景下的价值观念。例如，在某些语言中，特定的词汇可能与家庭关系、社会等级有关，反映了社群对这些价值的重视和理解。通过共享这些词汇，社群成员传递着共同的文化价值观，进一步巩固了他们的文化身份和凝聚力。

语言中的短语、成语和谚语也是共享价值观和习惯的体现。这些文化传统中蕴含着丰富的智慧和经验，反映了社群对生活、道德和人际关系的共同理解。通过正确运用和传承这些短语和成语，社群成员不仅传递了文化的精髓，也加深了彼此之间的认同和互动。语言中的社交规范和礼仪也反映了社群成员共享的习惯和准则。不同语言社群可能对于言辞的正式程度、交流方式和社交礼仪有着特定的期待和规范。这些社交规范不仅促进了有效的沟通，更强化了社群内部的凝聚力和共同体意识。

共享价值观和习惯是特定语言社群内部的重要特征，反映了社群成员之间的共同认同和文化身份。语言中的词汇、短语和社交规范不仅是思想和情感的表达方式，更是文化认同和社会凝聚的纽带。通过共享语言，社群成员不断强化着彼此之间的文化联系，共同传承和发展着自己独特的文化遗产，塑造着丰富多彩的社会风貌和价值观念。

2.连接与共享的文化纽带

当人们使用同一种语言时，他们不仅能够交流思想和信息，更能够分享一种共同的体验和认同感，这种联系加强了社群内部的凝聚力，让成员们感受到彼此之间更深层次的联系。共同的语言让社群成员之间能够建立有效的沟通和理解。当人们使用同一种语言进行交流时，他们能够准确地表达自己的思想、情感和意图，理解彼此的意思和感受。这种有效的交流方式打破了沟通障碍，促进了社群成员之间的互动和合作。

共同的语言联系增强了社群内部的凝聚力。通过共享语言，社群成员感受到彼此之间的共同体验。他们使用相似的词汇、短语和表达方式，反映了对共同文化价值观和习惯的认同。这种共同体验加深了社群成员之间的情感联系和归属感，形成一种团结互助的群体精神。通过共享语言，人们不仅在意识层面上建立了联系，也在情感和文化上建立了共鸣，从而深化了彼此之间的理解。

## （二）文化传承和认同建构

### 1.知识和经验传承

语言作为文化中知识和经验的传递者，在人类社会中扮演着至关重要的角色。通过语言，文化的智慧、历史、技艺和传统得以代代相传，而母语作为个体最早接触的语言，更是承载了丰富的文化内涵，深刻地影响着个体对文化的理解和认同。

语言是文化知识的传递者。每种语言中都蕴藏着丰富的文化智慧和历史记忆。例如，许多语言中的谚语、俗语和民间故事反映了文化中的价值观、道德规范和生活智慧。这些语言表达方式不仅传递了具体的知识，更承载了文化精神和认知模式，帮助人们理解和继承自己的文化传统。

语言是文化技艺和传统的传播媒介。许多文化的艺术、音乐、舞蹈和手工艺都通过特定的语言传承和表达。比如，各种语言中的诗歌、戏剧和文学作品反映了文化的审美观念和情感体验，将文化的美学和情感传递给后代。同时，语言还是技艺传承的重要工具，例如某些语言中的传统医药知识和手工艺技术通过口头传统得以保存和传承。母语不仅是一种交流工具，更是文化认同的重要基石。通过母语，个体学习和体验了文化中的价值观念、情感表达和社会规范，形成了对自己文化身份的认知。母语潜移默化地塑造了个体的思维方式和行为习惯，并深深融入了个体的生活和精神世界。

2.文学和口述传统

许多文化通过口头或书面语言传播其文学作品和口述传统，这些作品和传统不仅是文化的载体，更是反映了文化的核心价值观和思想体系，对后代的认同感和身份建构起到了重要作用。

文学作品在文化中扮演着重要的角色。无论是诗歌、小说、戏剧还是民间故事，文学作品通过语言表达和传播文化的情感、思想和历史。它们不仅展示了文化的审美观念和艺术风格，更深入地反映了人们对生活、道德和人性的理解。

口述传统是许多文化中重要的非书面传播方式。通过口头传承，文化的历史、传奇和智慧得以代代相传。口述传统承载了文化的精髓和根本价值，使人们能够感受到文化的连续性和生命力。例如，许多原住民社群通过口述传统记录了祖先的传奇故事和生活智慧，这些故事不仅是族群认同的来源，也是价值观念的传递者。通过接触和理解文学作品和口述传统，后代能够认识自己所属文化的历史、价值观和信仰，从而形成对文化的认同和归属感。这种认同感不仅是个体认知和情感的体现，也是社会凝聚力和文化传承的保障。

3.社会角色和身份认同

语言在塑造社会角色和身份认同方面起着重要作用，它不仅是沟通工具，更是文化和社会结构的反映。不同社会群体使用的特定语言风格和交流方式，体现了其在文化中的角色和地位，从而深刻影响了个体对自身在文化中的认知和认同。不同的社会群体可能会使用特定的语言风格，包括词汇的选择、语调的运用、交流的方式等，来表达自己在社会结构中的地位和身份。同样地，不同的职业群体或社会阶层也可能使用特定的术语和行话，以区别自己在社会中的角色。

个体通过语言的使用来理解和认同自己在文化中的地位和角色。语言作为社会身份的表达工具，塑造了个体对自身所属社会群体的认知。当个体习惯使用特定的语言风格和交流方式时，他们更容易理解并接受自己在文化中所扮演的角色，并从中获得认同感。这种认同感有助于形成社会凝聚力，促进社会内部的稳定和发展。

语言的社会角色和身份认同也反过来影响个体的行为和态度。个体通过使用语言，不仅表达自身的身份认同，还会受到语言所反映的社会期待和规范的影响。例如，某些社会中对于不同社会群体之间的交流和称谓有明确的规范，个体在使用语言时会受到这些规范的制约和影响，从而塑造了他们在文化中的行为方式和价值观念。

## 四、跨文化交际中的文化身份认同

### （一）跨文化身份认同与跨文化交际的适应

面对世界复杂的文化冲突，当跨文化交际主体发生这种冲突时，他们会感到自己的文化与其他文化之间的矛盾，如果这种矛盾失去平衡，交际主体就可能会进入怀疑和忧虑的状态之中，表现在个人状态上就是面对各种各样的文化感到茫然无措。丢失了在文化中的身份，个体将会失去前进的动力和方向，对"我"所处的位置极不确定，主体无法找到自己的立场或文化的方向。这就是我们通常所说的文化危机。

跨文化交际的过程本质上是文化情感交流的过程，它影响着跨文化交际的真实效果。文化情感交流已成为跨文化交际的有效手段，使主体能够有效感知和认同文化差异，防止因文化差异导致文化矛盾。文化情感交流欠缺，会无形中表现出以我为中心，在跨文化交往中表现为缺乏对各种文化差异的敏感，不能及时感受对方的心情，这将不可避免地破坏正常的跨文化交流。由于文化是有限的，主体的跨文化交际能力取决于他们的成长环境，他们的行为必须根据他们的成长环境和该环境所决定的规范进行。如果主体在跨文化交际中过于傲慢，认为自己的文化绝对优秀和流行，认为其他地区的文化没有价值，并将当地文化作为其他文化的基准，以自身文化价值观去评估其他国家人民的行为，并将民族文化与其他文化区分开来，这种思想只会使各文化间的沟通变得更加困难，最终阻碍文化交往。

## （二）在跨文化交流中增强文化身份认同感

跨语言文化交流能力也是对语言能力与社会人文能力的统称。跨语言文化交流是交际者构建新的文化身份认同的过程，也是文化不断融合和创新的过程。提高社会人文科学知识能力是提升跨语言文化交流水平的重要手段。此外，人们在文化教育中须着力解决两个问题，一是掌握、理解目的语言文明和本民族语言文明，二是融合这些文明的外语表达。这就要求人们既要学习他人语言，也要学会表达自我。选择性地消化吸收各种外来传统文化，取其精华去其糟粕，同时还要特别注重各种外来先进文化元素的互相融合交流与继承创新，减少双方跨文化交流的阻碍与文化冲突，以改善双方的相互关系。

随着自身文化适应性水平和社会开放性水平的提高，所有类型的人类文化体系都不是绝对孤立存在的，而是自由互动融合的，在这样相互融合共存的历史发展过程中，每产生一种新文化思想，都会建立至少一个相互具有直接内在文化联系特征的人类文化体系，他们根据自己的基本价值观和意识形态标准，评估、识别、吸收和整合这些不同类型的新文化体系。所以这个方法其实是在把"双向的跨文化交际"功能等同于双语主义功能，这也造成了研究者们对跨文化交流功能的片面理解，以为只要能用外语表达自己国家的人和事物就是成功的跨文化交流了。而事实上，跨文化交流能力也涵盖了话语能力、人际交往能力、人文理解和反思能力等全方位内容。在全球化时代，所有国家都无法逃脱外来文化的影响。在跨文化对话与沟通、接受多元文化时，必须保证相对自主、持续开放和文明融合。

## （三）提高文化身份认同的作用

双方在进行传统跨文化交流时，都需要熟悉对方的种族特征、文化背景和日常生活风俗等有关常识，并以客观的心态尊重对方的社会生活方式和语言习性，因此提高文化身份认同对跨文化交际起到以下几点作用。

1.文化身份限制说话内容和交际话题

文化身份就像是语言和沟通的纽带，在跨文化沟通中发挥着重要的功能，它影响着交流的内涵、交流的主题。价值观是人们评判善恶与对错的基础。对处于某一文化的人而言，对善恶的评判主要受其文化背景和价值观的支配。在跨文化人际交往中，文化身份也在较大程度上影响着社交者的交谈内容，对社交话题也具有一定的导向意义。

2.文化身份影响交际者的行为模式

文化对构成它的社群成员的活动有着预知和引导的功能。而文化身份的概念则强调了文化社群的共同性。在跨文化交流中，文化身份不但在语言层面上影响交流者的谈话内容，同时在非语言层面上也影响着个人的行为模式。

3.文化身份决定逻辑方式与思考模式

很多跨文化交际问题源于文化误会而非语言错误，而文化误会则来自各种逻辑方法与思考模式的冲突。即使是在同一母语环境下，不同地区形成的不同文化身份也决定着不同的逻辑方法和思考模式。

## 第二节　汉英文化标识及其意义比较

### 一、文化标识符的概念及意义

（一）文化标识符

文化标识符是指能够代表特定文化或社会群体的符号、概念、物品或行为方式，通常具有特定的文化意义和象征性。这些标识符反映了该文化的价值观、信仰、传统和历史，同时也可以成为社会认同和身份认同的重要表现形式。

1.象征物品

国旗是一个国家最重要的象征之一，常常以独特的颜色和图案来展示国家的身份和价值观。国花是一个国家或地区的特定花卉代表，通常与国家的历史、文化和自然环境有关。国树代表着一个国家的坚韧和生命力，通常是该地区常见且具有象征意义的树木。

2.传统习俗

例如，春节是中国最重要的传统节日之一，通常伴随着独特的仪式和庆祝活动，如舞龙舞狮、放鞭炮等，寓意新春来临和祈福新年。万圣节源自西方，西方人会穿上化妆服装，参加"不给糖就捣蛋"的活动，纪念逝去的亲人和祖先。不同国家和地区有各种不同的婚礼习俗和仪式，都体现了当地的家庭价值观和文化传统。

3.艺术和文学作品

经典文学作品如莎士比亚的《哈姆雷特》、狄更斯的《雾都孤儿》等，这些作品体现了经典英国文学的风格。绘画如达·芬奇的《蒙娜丽莎》、凡·高的《星月夜》等，代表了艺术的高峰和文化的精髓。音乐和舞蹈，例如美国爵士乐、西班牙弗拉明戈舞等，都是不同国家和地区独特的传统文化代表。

4.语言和文学形式

例如中国的成语"卧薪尝胆"表示不畏艰难、苦练自强的精神，英国的谚语"Every cloud has a silver lining"（黑暗中总有一线光明）表示看到困境中的希望，英国的莎士比亚诗集、美国的惠特曼诗歌等，这些都体现了不同国家文化的诗意表达方式。

5.服饰和食品

传统服饰体现了各国独特的服饰文化和历史传统，例如苏格兰的传统格子裙。特色美食代表了各国丰富多样的饮食文化和烹饪技艺，例如意大利的比萨、法国的奶酪、中国的北京烤鸭等。

6.建筑和景观

标志性建筑例如法国的埃菲尔铁塔、印度的泰姬陵等，代表了各国的建筑艺术和历史遗产。自然景观例如中国的长城、美国的大峡谷等，体现了各地独特的自然风光和地域特色。

这些具体的文化标识符不仅是各国和地区的象征，更是其独特文化和精神的体现。通过这些标识符，人们可以更好地了解和欣赏不同文化的丰富多彩，增进跨文化的交流和理解。

### （二）文化标识符具有多重意义

#### 1.身份认同和文化传承

在一个多元化的社会中，文化标识符是连接人们心灵的纽带。无论是国家、地区还是社区，都有其独特的文化标识符，这些标识符使每个人在广阔的社会中找到自己的位置。首先，语言是最重要的文化标识符之一。语言不仅是信息传递的工具，更是文化的载体。通过语言，人们传承着丰富的文化知识和价值观念。符号和传统也是文化认同的重要表现。例如，国旗、国花、国树等代表性符号，不仅是国家的象征，更是民众的自豪和认同。各种节日和仪式也是文化传统的生动体现。

当个体能够通过共享的语言、符号和传统感受到归属和认同时，社会就会更加和谐稳定。共同的文化认同有助于建立社会信任和合作关系，促进社群内部的交流和发展。同时，文化标识符也是保护和传承文化遗产的重要媒介，让新一代人能够继承和发展传统，保持社群的连续性和独特性。

#### 2.文化传承和价值传播

文化标识符是一种独特而强大的载体，通过它们，人们传递和表达着文化的精髓和价值观念。首先，语言作为文化的基础，承载着丰富的历史和文化内涵。每种语言都有其独特的词汇、成语和谚语，反映了不同民族的智慧和情感体验。例如，中国的成语"卧薪尝胆"和英语的谚语"Actions speak louder than words"（行动胜于空谈）都包含着深刻的生活哲理和人生态度。

艺术作为文化的表达形式，通过绘画、音乐、舞蹈等形式传递着文化的美学和情感。经典的作品，如莎士比亚的戏剧、达·芬奇的绘画作品等，不仅是艺术的杰作，更是文化传承的重要组成部分。舞蹈诸如奥地利的维也纳华尔兹和印度的卡塔克舞蹈等，都代表了各自文化的独特风格和情感表达。

习俗和传统节日是文化传承的重要场合和载体。各国的传统节日如春节、感恩节、万圣节等，都承载着特定的历史故事和文化意义，通过世代相传的庆祝活动和仪式，将文化的精神传递给后人。例如，中国的春节庆祝活动包括贴春联、舞龙舞狮等，体现了对新年的期待和祝福。文化标识符的传承不仅是对过去的致敬，更是对未来的承诺。通过将文化标识符代代相传，社群能够保留和弘扬传统文化，让每一代人都能感受到文化的深厚底蕴和历史意义。这种文化传承不断丰富着社会的多样性，同时也促进了文化交流。

3.跨文化交流和理解

学习他人的语言是促进跨文化交流的重要一环。语言是文化的载体，通过学习他国语言，我们不仅能够更好地理解其文化价值观和思维方式，还能够与他国人民建立更深层次的沟通和理解。

文化艺术是跨文化交流的重要桥梁。不同国家和地区的绘画、音乐、舞蹈等艺术形式都反映了其独特的审美观和情感表达。通过欣赏和学习他人的艺术作品，我们能够更好地理解其文化背景和生活方式，从而增进对彼此文化的尊重和认同。

习俗和传统节日也是跨文化交流的重要载体。了解他国的传统节日和习俗，可以让我们深入了解其文化意义和历史渊源。

通过学习和理解他人的文化标识符，个体能够拓宽视野，增进对多样性和包容性的认识。这种跨文化交流和理解不仅有助于个体的成长和发展，更能够促进不同文化之间的和谐共处与互惠互利。在全球化的时代，跨文化交流是推动世界各国共同发展的重要动力，也是实现文化多样性和共享未来的关键路径。

4.文化创意和创新

重新诠释传统标识符是文化创新的重要途径之一。通过对传统文化符号的重新理解和演绎，个体和艺术家能够赋予这些标识符新的含义和表现形式。例如，传统的节日庆典可以融入现代元素和艺术形式，呈现出新颖有趣的文化体验。运用传统标识符创造新的文化形式和艺术表达是文化创新的另一种方式。艺术家和文化从业者通过在艺术作品中融入传统符号和元素，创造出独特而富有现代感的文化作品。例如，将传统民族乐器与电子音乐相结合，或者在传统绘画中加入当代主题和风格，都是文化创新的具体实践。

文化标识符的创新也促进了文化产业的发展和演变。创意产业在当代社会中发挥着越来越重要的作用，而文化标识符的创新正是文化产业创新的重要驱动力之一。通过将传统文化与现代科技、设计等领域相结合，我们可以创造出更具吸引力和竞争力的文化产品和服务，推动文化产业的繁荣发展。文化标识符的创新不仅丰富了文化形式和艺术表达，更推动了文化的发展和演变。它们为个体和社群提供了表达自我和探索文化创造力的平台，同时也促进了文化交流与跨界合作。在全球化和信息化的时代，文化创新和创意产业将继续发挥重要作用，为世界各地的文化交流和共享创造新的机遇和可能性。

## 二、汉语和英语中的文化标识符及其意义

（一）汉语中的文化标识符

1.成语

成语是汉语中独具特色的固定短语，浓缩了中国人对生活、道德和智慧的深刻洞察。成语蕴含丰富的文化内涵，反映了中国人的处世哲学和价值观。成语是汉语中的瑰宝，每一个成语都承载着中华民族千百年来智慧的结晶和文化的传承。

成语反映了中国人对人生和处事方式的深刻思考和感悟。例如，"海阔天空"寓意着心胸开阔，意志坚定；"卧薪尝胆"体现了不畏艰难、坚忍不拔的精神品质；"亡羊补牢"提倡及时补救和纠正错误；"水滴石穿"鼓励人们在日常生活中坚持不懈。这些成语不仅在语言上传递着智慧，更是在思想层面引导着人们追求优秀品质和践行正确行为。

通过学习和理解成语，我们不仅可以提升语言表达能力，更能够深入了解中国文化的精髓和价值观。让我们共同珍视和传承这些宝贵的成语，将其智慧和美好传递给下一代，为推动人类文明的发展和进步贡献我们的力量。

2.书法

中国书法作为传统艺术的重要形式，彰显着中国人对文字美学的高度追

求和审美情趣。它将汉字视为艺术品，通过笔墨纸砚的表现，体现了中国人对精神境界和审美理想的追求。中国书法源远流长，历经千年的发展，成为中国文化的瑰宝和代表。

书法是中国传统文化的重要组成部分，承载着丰富的文化内涵和历史意义。书法不仅是一种文字表达方式，更是一种精神境界的体现。书法家们以汉字为媒介，通过墨守丹青、笔精墨妙的艺术创作，表达自己的思想感情，传递文化的智慧和情感。中国书法体现了中国人对审美的独特追求和艺术理念，不仅注重字形的工整和布局的美感，更追求书法作品的意境和气韵。例如，楷书的端庄秀丽、草书的奔放豪迈、行书的流畅灵动，都展示了不同风格下的审美情趣和艺术境界。书法作品所体现的线条、节奏和韵律，常常让人产生共鸣和给人以心灵的震撼。中国书法也是一种精神修养和文化自觉的体现。在书法创作中，书法家们注重心境的宁静与凝练，追求笔墨之间的和谐与统一，体现了中国传统文化中"心静自然凝"的精神境界。通过书写，书法家们不仅提升了自身的审美修养，更传递了中国传统文化中崇尚自然、追求和谐的价值观念。

中国书法是一种独特而深邃的艺术形式，它代表了中国人对文字美学的追求和对精神境界的体悟。通过书法艺术，我们不仅能够领略到文字之美，更能感受到中国人民对精神世界和审美理想的不懈追求。让我们共同珍视和传承这一传统艺术，将书法的美学魅力和文化价值传递给更多的人，促进世界文化的多样性。

除了成语和书法外，汉语中还有很多文化标识符。让我们珍惜这些宝贵的文化遗产，积极传承和发扬汉语的文化内涵，共同促进世界文化的交流与共融。

## （二）英语中的文化标识符

### 1.俚语和口头用语

英语中的俚语和口头用语是一种反映当地文化和生活方式的重要元素。

这些独特的词汇和表达方式不仅丰富了语言的多样性，更深刻地揭示了不同国家和地区的文化特征和社会习惯。

美国人常用的俚语cool是一个经典例子，用于表示很棒或很酷。在美国社会中，cool不仅仅是形容词，更是一种态度和生活方式的象征。英国人常用的俚语cheers用于表示感谢或致意，体现了英国人的礼貌和幽默。这个词在英式英语中很常见，不仅用于酒吧和社交场合表示"干杯"，还可以用于日常交往中，表达友好和欢迎之意。

俚语和口头用语是英语中丰富多彩的一部分，反映了不同国家和地区的独特文化和生活方式。这些俚语不仅丰富了语言的表达形式，更深刻地展示了人们对生活的态度和价值观。通过学习和理解这些俚语，我们可以更好地了解和欣赏英语国家的文化特征，促进跨文化交流和理解，从而促进建立更加和谐的国际社会。

2.英式幽默

英国人以其幽默和讽刺闻名于世，英式幽默代表了英国人对生活的乐观态度和对人生的独特看法。这种幽默在全球范围内享有盛誉，是英国文化的独特魅力和智慧的体现。英国人习惯通过幽默的方式应对生活中的挑战和困难，这种幽默常常是机智、风趣而又带有讽刺意味的。英式幽默在文学作品、戏剧和电影中得到了充分展示，如莎士比亚的戏剧作品中常见的诙谐对白，以及蒙提·派森的喜剧表演和英国幽默作品如《空镜》《喜剧之王》等，都深受世界的喜爱，充分反映了英式幽默的独特魅力和智慧。

英式幽默是一种独特的文化表达方式，体现了英国人对生活的乐观态度和对人生的深刻理解。通过幽默的眼光看待世界，英国人展示了其独特的智慧和风格，为世界文化的交流和互动搭建了促进相互理解的桥梁。

# 第三章 语言中的礼貌与谦逊表达

在日常生活和社交场合中，礼貌和谦逊的表达方式是维系良好的人际关系和增进社会和谐的重要元素。在语言交流中，我们常常通过一些特定的词汇表示对他人的尊重和关心。

礼貌的语言表达体现了我们对他人的尊重和友善。例如，在与他人交谈时，使用诸如"请""谢谢""对不起"等礼貌用语，可以表达出我们对他人的尊重和关心。礼貌用语不仅能够有效传达我们的意图，还能体现出我们的教养和文明素养。

谦逊的表达方式有助于建立良好的沟通氛围和积极的人际关系。当我们在表达自己的观点或意见时，使用谦虚的语气和措辞，如"我认为""可能是我理解有误"等，能够展现出我们的谦逊和包容心态。这种表达方式不仅能够避免冲突和误解，还能够促进有效的交流和沟通。

语言中的礼貌和谦逊表达也体现了文化的独特性和多样性。不同文化背景下，对于礼貌和谦逊的表达方式可能有所差异，但它们都反映了人们对待他人的礼仪和态度。通过尊重他人、使用礼貌用语和保持谦逊态度，我们能够建立起积极的交流氛围，增进彼此之间的理解和信任，从而共同营造一个更加和谐与温暖的社会环境。

# 第一节　汉英语言中的礼貌用语及其文化背景

## 一、语言结构

语言结构指的是语言中词汇、句法和语法等组成部分的整体安排和组织方式。它涉及语言单位的组合、排列和关系，以及这些单位如何构成意义完整的语言表达。

### （一）词汇结构

1.词根

词根是构成词汇的基础元素，它是语言中最基本、最原始的部分，承载着词汇的核心含义和基本概念。在语言的构建中，词根起着至关重要的作用，它们是语言的基石，也是语言交流的重要工具。

词根是构成词汇的最小单位，通常是一个单词中最具有代表性和含义的部分。词根具有稳定的形态和固定的含义，通过组合和衍生形成新的词语。词根承载着词汇的核心含义。在一个单词中，词根往往是最具有代表性的部分，通过词根，我们可以理解和掌握词汇的基本含义，从而更好地理解和运用词语。词根是词汇衍生和组合的基础。在语言中，通过在词根的基础上加入前缀、后缀或者其他词素，实现词汇的衍生和组合。这样的词汇变化可以丰富语言表达的方式，满足不同语境下的交流要求。

2.词缀

词缀是构成词语的重要元素，它们能够赋予词语更丰富的含义。在汉语中，虽然词缀相对较少，但它们仍然是促进语言丰富多彩的重要手段。

词缀是一种可以附加在词根或词干上，用以构成新词或改变词性、意义等的语言成分。在汉语中，常见的词缀包括：名词性词缀，如"者""家"等；动词性词缀，如"化""使"等；形容词性词缀，如"性""式"等。运用这些词缀，能够使词语的含义更加具体和丰富。

词缀还能改变词语的词性。比如，"教育"是一个动词，表示教导、培养，"教育家"则是一个名词，指的是从事教育工作或有教育才能的人。再比如，"智能"是一个形容词，表示具有智慧，"智能化"则是一个动词，表示使某物具备智能或智慧的过程。

词缀在汉语中虽然不像某些语言那样丰富，但它们的运用仍然为我们提供了丰富多彩的语言表达方式。通过合理运用词缀，我们可以丰富词汇，增加表达的层次，使语言更加生动、灵活、富于变化，从而更好地表达和传达自己的意思和情感。

3.关联与衍生

关联与衍生是语言世界中常见的现象，它们反映了事物之间的联系和发展过程。在语言中，关联和衍生的存在丰富了词汇的表达方式，同时也展示了事物之间的内在联系和发展轨迹。

关联指的是事物之间存在着某种联系，这种联系可能是因果关系、空间关系、逻辑关系等。在语言中，词语之间常常通过关联而产生某种联系或含义。我们可以看到一些词语之间存在着明显的关联关系，比如"太阳"和"月亮"、"左手"和"右手"，它们之间的关联性反映了日常生活中事物的对应关系或互补关系。

衍生是指从一个事物或概念中发展出新的事物或概念。在语言中，衍生体现了词汇的丰富性和灵活性。词语可以通过添加前缀、后缀、词素的方式进行衍生，形成新的词汇或扩展原有词汇的含义。比如，"美"是一个词素，可以衍生出"美丽""美好"等词语，以扩展"美"的概念和含义；再比如，"教"是一个词素，可以衍生出"教育""教学"等词语，从而丰富"教"的表达方式和应用领域。

关联和衍生反映了事物和语言的内在发展规律。在语言学习和运用中，理解关联和衍生有助于我们更深入地理解词汇的内涵和使用方式。通过关联，我们可以建立词语之间的联系网络，拓展词汇知识；通过衍生，我们可以灵活运用词汇，丰富语言表达。总之，关联与衍生是语言发展中不可或缺的重要环节，它们让语言更加生动有趣，也让我们更加深入地理解和运用语言。

4.内在含义和逻辑关系

内在含义和逻辑关系是语言和思维中重要的概念，它们帮助我们理解词语和事物之间的深层含义和联系。在语言学和哲学领域，内在含义和逻辑关系的探讨有助于揭示语言和思维的运作机制，促进人们对世界的更深层次理解。

内在含义指的是词语或事物背后所蕴含的深层意义和本质属性。每个词语和概念都不仅仅有表面的意义，它们往往还承载着丰富的文化、历史和情感内涵。例如，"家庭"这个词语不仅指代亲人同住的地方，更蕴含了亲情、温暖、责任等情感内涵。通过探索词语的内在含义，我们能够更好地理解语言背后所传达的意义和情感，也能够加深对文化和社会的认知。

逻辑关系是指事物之间存在的合理关联或推理关系。逻辑关系反映了事物之间的因果、条件、对比等关系，是思维和语言推理的基础。例如，在逻辑学中，我们学习如何通过前提推导出结论，如何分析因果关系，如何进行逻辑推理等。逻辑关系帮助我们理清思维的脉络，使表达更加清晰和合理。

语言中的内在含义和逻辑关系密不可分，它们相辅相成，构建了语言和思维的世界。通过理解内在含义，我们可以抓住词语和概念的本质，更深入地沉浸在语言和文化的海洋中；通过理解逻辑关系，我们可以清晰地展示思想和观点，使交流和表达更加有效和准确。

（二）句法结构

句法结构是语言学中关于句子内部组织规律的重要概念，它描述了句子中词语之间的排列方式和组合规则，决定了句子的语法正确性和含义表达方式。对句法结构的深入理解有助于我们掌握语言的运用和沟通技巧。

一个句子通常由主语、谓语和宾语构成，这是最基本的主谓宾结构。主语是句子中的主要话题或执行动作的主体，谓语表示主语的动作或状态，宾语则是动作的承受者或影响对象。句法结构还包括了各种修饰成分，如定语、状语、补语等。定语用来修饰名词或代词，增加其含义或限定范围；状语则修饰动词、形容词或其他副词，表达时间、地点、方式、原因等信息；补语则补充说明主语或宾语的状态或性质。句法结构还涉及从句和短语结构。从句是句子中的一个完整的句子结构，可以独立表达意义，也可以作为另一个句子的一部分出现。常见的从句包括主语从句、宾语从句、定语从句等。短语结构则是词语按照一定的语法规则组成的具有一定意义的结构单元，包括名词短语、动词短语、形容词短语等。

句法结构是语言表达的基础和框架，它决定了句子的语法正确性和表达方式的清晰度。通过深入学习和理解句法结构，我们能够更准确地理解和运用语言，提升语言表达能力，使沟通更加有效和流畅。掌握句法结构有助于我们解读复杂句子，创造丰富多彩的表达方式，让语言成为沟通交流的强大工具。

## （三）语法结构

语法结构是语言学中的重要概念，它指导着语言中句子的构建方式和逻辑关系，包括语序、时态、语态等要素。语法结构的正确运用能够确保句子的准确性、清晰性和流畅性，是有效沟通的基础。语法结构中的语序是指词语在句子中的排列顺序。在不同的语言中，语序可能各有特点，但通常都遵循一定的规则。

时态和语态是语法结构中的重要因素。时态表示动作或状态发生的时间，常见的时态包括过去时、现在时、将来时等。语态则表示动作的执行者和受事者之间的关系，常见的语态包括主动语态和被动语态。时态和语态的选择能够准确地传达句子所表达的时间和动作关系，增强句子的表达力和准确性。语法结构还涉及词类和词组的搭配规则，以及修辞手法和句型结构的运用。词类和词组的搭配规则指导着词语之间的合理组合，形成符合语法规范的短语和句子。修辞手法和句型结构则丰富了语言的表达方式，使句子更加生动、有趣和富有感染力。

## 二、英语和汉语中礼貌的语言结构异同

### （一）相同点

#### 1.使用尊称和称谓

汉语中有一些常用的尊称和称谓。在汉语中，人们通过称呼对方的姓名或称谓来表示尊重和礼貌。例如，"先生"常用于称呼男性；"女士"则用于称呼女性，都是一种礼貌用语；"老师"用于称呼教师，表示对教育者的尊重和敬意。此外，还有一些其他常见的尊称如"阁下""大人""敬爱的"等，用于特定场合或对特定身份的人表示尊敬。

英语中的尊称和称谓也是表达礼貌和尊重的重要方式。常见的尊称包括Mr.（用于成年男性）、Mrs.（用于已婚女性）、Miss（用于未婚女性），这些尊称通常与姓氏一起使用，表示对对方身份和地位的尊重。另外，还有Ms.，用于称呼女性，不论其婚姻状况，也是一种尊重的称谓。

尊称和称谓不仅仅是礼貌用语，更是文化传统和社会礼仪的体现。它们反映了人们对他人身份、地位和性别的敏感和尊重。通过正确使用尊称和称谓，人们在交往和沟通中能够体现出尊重和关怀，增进彼此间的良好关系和形成友好的氛围。尊称和称谓是语言中的重要语用功能，它们不仅有助于礼貌交流，更体现了文化传统和社会价值观。在汉语和英语中，适当地使用尊称和称谓能够加深人际关系，促进有效沟通，让交往更加和谐愉快。

#### 2.礼貌用语

汉语中常使用礼貌用语。在汉语中，"请"是一种常用的礼貌用语，用于请求或邀请对方做某事，如"请坐""请喝茶"等，体现了对他人的尊重和礼貌；"谢谢"是表达感谢之情的常用语，无论是对朋友的帮助还是陌生人的服务，都能够用"谢谢"来表示感激之情；"对不起"是表达道歉和认错的词语，在犯错或造成不便时，用"对不起"表示诚挚的歉意；"请问"用于礼貌地提出问题或请求对方给予帮助，显现了彼此间的尊重和礼貌。

英语中也有类似的常见礼貌用语。比如，Please（请）用于请求或邀请别人做某事，如"请帮我一下""请给我一杯咖啡"等，体现了礼貌和谦

和；Thank you（谢谢）是表达感激之情的常用短语，用于在接受他人的帮助或礼物时表示感谢；I'm sorry（对不起）用于表达道歉或认错，展现诚挚的歉意和尊重；Excuse me（不好意思）则用于在请求别人的注意或打扰时表示礼貌。

这些常见的礼貌用语不仅仅是口头表达，更是文化和社会习惯的体现。正确地运用这些用语，我们能够在交往中彼此展现尊重和关心，建立起良好的人际关系。无论是面对朋友、同事还是陌生人，用礼貌用语表达自己的需求和感受，都能够让交流更加愉快和顺畅。礼貌用语是语言交际中的桥梁，它们不仅传递着尊重和礼貌，更促进了文化之间的理解和友好关系。在日常生活中，我们应该重视并善于运用这些礼貌用语，以促进良好的交流氛围和人际关系，让我们的社会更加融洽。

## （二）不同点

### 1.委婉语和直接性

汉语和英语在表达礼貌和尊重的方式上确实有一些不同之处，主要体现在委婉语和直接表达的应用习惯上。这些差异反映了不同文化背景下对待交流方式和社交规范的不同理解。

在汉语中，人们倾向于使用委婉的语言来表达请求、建议或拒绝，以示礼貌和尊重对方的感受。比如，当请求别人帮忙时，常常会说"麻烦您一下""不知您是否方便"等委婉的表达方式，避免直接命令或强求；在给出建议时，也常常会说"您可以考虑一下""看看是否可以这样做"等，表示尊重对方的选择权；而在拒绝别人请求时，也会用"可能比较困难""暂时不方便"等委婉语来表达，避免直接拒绝对方。

英语中则更倾向于直接表达。在英语中，请求、建议和拒绝通常会更加直截了当，例如"Can you help me with this?"（你能帮我一下吗？）或"Would you mind closing the window?"（你介意关一下窗户吗？），都直接询问对方的意愿；而在拒绝时，也会直接说"Sorry, I can't right now"（抱歉，我现在做不到）或"Maybe next time"（也许下次吧），直接表达自己的态度和情况。

这种语言表达方式的差异源于不同文化中对于礼貌和交流方式的理解和重视程度。汉语中的委婉语强调尊重他人的面子和感受，注重保持人际关系的和谐；而英语中的直接表达则注重清晰、简洁和实用性，强调效率和明确沟通的目的。无论是委婉语还是直接表达，都是为了在交流中表达尊重和礼貌。理解和尊重不同文化中的语言习惯和交流方式，有助于我们更好地融入不同的社交环境，增进跨文化交流的效果和成功率。因此，在学习和使用语言时，应当灵活运用适合场合的表达方式，以促进有效地交流和形成良好的人际关系。

2.语境和文化背景

汉语文化强调集体责任和社会整体利益，礼貌语言结构体现了对他人和社会的关心与尊重。例如，汉语中的客套话和委婉语常用于表示尊重和谦逊，体现了对集体利益和社会和谐的重视。汉语中的敬语和客套语也常带有含蓄、委婉的语气，强调保持人际关系的和谐与稳定，体现了中国传统文化中强调人际关系和社会秩序的价值观。

英语的礼貌语言结构更强调个体的自由和权利，注重个人表达和个人利益。英语中的礼貌用语通常更直接、简洁，强调对个体权利和自主选择的尊重。英语中的请求、建议和感谢常常直截了当，体现了个人在交流中的自主性和独立性。这种语言结构反映了西方文化中对个人自由和独立的重视，强调个体的权利和表达。

在汉语和英语的交流中，人们在表达方式和语气上会有一些差异。汉语的礼貌语言结构更倾向于集体责任和社会整体利益，注重维护人际关系和社会和谐；而英语的礼貌语言结构更注重个体的自由和权利，强调个人的表达和选择权。这种文化差异影响着人们在交流中的态度和方式，体现了不同文化对社会关系和个人权利的不同理解和价值观。

## 三、英语和汉语中礼貌的文化背景异同

### （一）英语中的礼貌文化背景

1.个人主义和自由价值观

在英语文化中，礼貌的表达方式体现了对个人独立性和自由的尊重，这种价值观贯穿于日常交流和社会互动中，塑造了英语文化独特的交往风格和态度。英语文化强调个体的独立性。礼貌的表达方式通常体现了对个体权利和自主性的尊重。在交流中，人们习惯用委婉、客气的语言表达请求和建议，以尊重对方的选择和意见。这种礼貌方式体现了个体在社会中的自主性和平等地位。礼貌是英语文化中在社交互动里不可或缺的一环。尊重他人的选择和权利是英语文化中社交礼仪的重要组成部分。在感谢他人帮助或支持时，人们会真诚地表达感激之情，体现了对他人善意行为的赞赏和尊重。

英语的礼貌方式也体现了个体自由发展的理念。人们习惯用礼貌语言在交流中展示自我，并尊重他人对自己行为和选择所做出的观点。在提出建议或意见时，常常会使用委婉的措辞，以尊重对方的立场和自主决策的权利。英语文化中的礼貌方式体现了对个人独立性和自由的尊重，强调个体在社会中的平等地位和自主权利。这种价值观影响着英语社会中人际关系和社交互动的方式，塑造了一种开放、包容且注重个体尊严的交往风格。因此，在学习和应用英语礼貌方式时，理解和尊重这种文化背景是促进有效交流和建立良好人际关系的关键。

2.直接而坦诚的交流方式

在英语文化中，交流方式强调直接、坦诚，礼貌表达通常直接而简洁，这反映了对时间的重视。英语使用者倾向于直接表达自己的意见和想法，避免冗长或含糊的言辞，以确保信息传达的准确和清晰。这种交流风格体现了英语文化中对高效沟通的追求，尊重他人的时间和精力。直接的交流方式有助于有效地表达想法和解决问题。人们习惯直截了当地提出请求或意见，确保对方能够准确理解并做出相应的回应。这种直接性可以节省时间，同时避免不必要的误解或混淆，提高沟通效率。

英语文化中的礼貌表达通常简洁明了，体现了对时间的珍视和对效率的追求。人们习惯用简短的语言表达感谢、道歉或请求，尊重对方的时间和精力。礼貌用语如Thank you!（谢谢！）或Please!（请！）非常简洁，以表达真诚的感激或请求，无须花费过多的时间和篇幅。这种文化特点在英语使用者的日常生活和工作中起着重要作用，促使人们在交流中注重信息的准确性和沟通的高效性，有助于提升工作效率和人际关系的质量。因此，在学习和应用英语时，理解并尊重这种文化特点是提升沟通能力和适应跨文化交流的关键。

3.注重个人空间和隐私

在英语文化中，对个人空间和隐私的重视体现在交流方式和礼貌用语中，反映了对他人个人空间和权利的尊重。这种文化特点影响着英语使用者在日常生活和社交中的行为举止，塑造了英语文化中独特的社交礼仪和交往方式。在日常交流中，人们倾向于尊重他人的个人空间，避免过于侵入或过度询问个人隐私。

因此，在学习和应用英语时，理解并尊重这种文化特点是建立良好人际关系和实现有效跨文化交流的关键。

（二）汉语中的礼貌文化背景

1.集体主义和社会责任感

汉语文化强调集体和社会整体利益。在汉语社会中，个人的行为常常受到集体利益和社会规范的约束和影响。因此，礼貌在汉语中体现为对社会秩序和集体责任的尊重。人们习惯遵守社会规范，尊重公共秩序，不轻易打破社会规则或制度，以维护社会的稳定和谐。这些文化价值在汉语使用者的日常生活和社交中起着重要作用，塑造了中国人友善、谦虚且注重社会和谐的交往方式。因此，在学习和应用汉语时，理解并尊重这些文化价值是促进有效交流和建立良好人际关系的关键。

2.尊重长辈和传统价值观

汉语文化强调对长辈的尊重和敬仰。在汉语社会中，长辈享有特殊的地位和权威，人们习惯用尊称来称呼长辈，以示对长辈的尊重。这种尊称不仅体现了对长辈的个人尊重，也体现了对家庭和传统的重视，强调了家族观念和家庭价值在汉语文化中的重要性。人们使用敬语或礼貌用语来表达对传统价值的尊重和敬仰，如"孔老师教导说……""先祖们留下了……"等。这些语言表达体现了对历史和文化传承的重视，弘扬了中华传统文化的价值观念，并在交流中传递了对传统智慧和道德规范的尊重。汉语文化中尊重长辈和对传统文化的理解与尊重是礼貌的重要体现。这种文化传统影响着汉语使用者的言行举止和社交礼仪，塑造了中国人独特的表达尊重和敬意的方式。因此，在学习和应用汉语时，理解并尊重这些文化价值是建立良好人际关系和促进社会和谐的重要基础。

# 第二节　跨文化交际中礼貌表达的作用与误读审视

## 一、礼貌表达

礼貌表达指的是在交往和沟通过程中，使用恰当的语言和行为方式，以示尊重、关心和礼貌。这种表达方式包括使用礼貌的词语、语气和态度，以及遵循社会文化规范和习惯。礼貌表达的目的是维持良好的人际关系，传递友好和尊重的信号，确保交流顺畅和有效。

### （一）用语恰当

在人际交往和日常沟通中，使用礼貌的称谓、词语和措辞是维护良好关系、传递尊重和关心的重要方式。通过避免使用冒犯性或不适当的语言，能够建立更加和谐、友善的交流环境，促进彼此之间的理解和信任。

礼貌的称谓和词语可以彰显对他人的尊重和关心。在与他人交流时，使用适当的称呼如"先生""女士""同事""朋友"等，能够表达我们的尊重和礼貌。避免使用冒犯性或不适当的称谓，可以避免给他人带来不愉快或误解。措辞的选择也至关重要。在表达意见或观点时，我们应该使用温和、客观的措辞，避免使用具有攻击性或歧视性的语言。尊重他人的观点和感受，采用平和而礼貌的语言，有助于建立起良好的沟通基础，避免不必要的争执和冲突。避免使用不适当的语言也是维护社交和谐的重要一环。在社交场合或公共环境中，我们应特别注意言行举止，避免使用粗俗、侮辱性或不雅的语言，以免引起他人的不适或尴尬。

（二）尊重他人

对待他人时保持尊重是非常重要的。尊重他人意味着尊重其独特的价值观和生活方式。无论是在言语还是行为上，都应避免对他人进行贬低、歧视或挑衅。尊重他人的选择和决定，尊重其个人空间和隐私，是构建健康人际关系的基础。关心他人的感受和需求也是非常重要的。在与他人交流和互动时，应该倾听对方的想法和情感，设身处地地考虑他们的感受。关注他人的需求，提供帮助和支持，可以增进彼此之间的亲近感和信任度。一个关心他人的人往往会赢得他人的好感和尊重。关注他人的感受还包括细心体察他们的情绪和心理状态。在与他人交流时，应该注意言辞和表情，避免伤害到他们的情感。诚实而温和地表达自己的观点，避免使用冲突性的语言，有助于维护良好的交流氛围。

（三）遵循社交礼仪

在社交场合中，遵循适当的礼仪和习惯是维护良好人际关系、展现尊重和关心的重要方式。在交往中，问候、道歉、感谢等礼貌行为不仅能够传递友善的信息，还能够促进交流的顺利进行，营造和谐愉悦的氛围。

1.问候：建立友好交往的第一步

在日常生活和社交场合中，问候是展现尊重和关心的基本礼仪之一。通过适当的问候，我们能表达对他人的关心和尊重，拉近彼此的距离，进而营造亲切和愉悦的交往氛围。

问候是社交的第一步，也是展现礼貌和教养的重要方式。无论是在见面时还是离开时，简单而诚挚的问候如"你好""您好""早上好""晚安"等，都能够传递出我们的善意。这些简单的问候不仅展现了我们对他人的关心，也体现了我们尊重他人的态度。问候能够拉近彼此的距离，营造出亲切和融洽的交流氛围。在社交场合中，友好的问候可以让人感受到热情，增进彼此的亲近感。无论是与陌生人还是熟人的交往，适时的问候都能够打破冷漠和缩短距离，促进交流的顺利进行。问候还体现了我们的礼貌和修养。通过对他人的问候，我们展现了积极向上的生活态度和对社交的尊重。礼貌的问候不仅是交流的方式，更是我们与他人相处的良好起点，为进一步的交往奠定了基础。

2.道歉：修复关系的重要一步

在人际交往中，道歉是展现诚意和谦逊的重要方式。当我们意识到自己的失误时，及时、诚恳地道歉不仅能够修复关系、消除误解，还能展现出我们的成熟和责任心。

在人际交往中，难免会出现误解或冲突，及时道歉可以化解尴尬和不愉快，重建双方的信任和友好关系。通过诚实面对自己的错误，并表示诚挚的歉意，可以有效化解矛盾，促进交往持续而健康的发展。道歉也是展现成熟和责任心的重要表现。一个人愿意承认错误并勇于道歉，这充分展现了他们的成熟和自我反省的能力。道歉不仅是解决问题的方式，更是维护人际关系、促进和谐交往的重要保障。

3.感谢：表达尊重与友好

感谢是展现尊重和礼貌的基本举动。通过诚挚地表达感谢之情，我们向他人传递了一种积极的态度，展现了我们对他人的尊重和欣赏。无论是对于他人的帮助还是收到的礼物，感谢都是对他人付出的一种肯定和回报。及时地表达感谢之情能够增进彼此之间的好感和信任。当我们向他人表达感激之情时，他人也会感受到被重视和关心，进而建立起更加亲近的关系。通过积极地回应他人的善意，我们能够营造出融洽和谐的交往氛围，促进友情和合作的发展。一个习惯感恩的人不仅能够增进人际关系，还能形成乐观和开放的生活态度。感谢不仅是对他人的尊重，更是对生活的感恩，让我们更加珍惜和享受每一个美好的时刻。

### （四）考虑他人意见

在人际交往和社会互动中，持开放和尊重的态度对待他人的意见和观点是维护良好关系和促进理解的重要方式。我们应该学会不轻易抨击或质疑他人，而是以包容和尊重的态度对待不同的看法和观点。在交流中，每个人都有自己独特的观点和经历，而开放的心态能够使我们更愿意倾听和理解他人的看法。通过尊重他人的观点，我们能够建立起互信和共鸣，促进良好的交流和合作。

不轻易抨击或质疑他人有助于维护和谐的人际关系。尊重他人的观点意味着尊重他们的思想和感受，从而有效避免不必要的冲突和争执。在面对不同意见时，我们可以以理性和成熟的方式表达自己的看法，而不是采取攻击性或质疑性的态度。当我们表现出包容和理解的态度时，能够激发他人的创造力和积极性，共同促进社会的发展和进步。一个充满尊重和包容的社会，能够培育出更多的合作和共识，造福于整个社会。

### （五）友好和热情

友好和热情的态度能够营造愉悦和融洽的交往氛围。当我们以友善的态度对待他人时，会让对方感到受欢迎和被尊重，从而增进彼此之间的好感和亲近度。友好的交往氛围有助于建立信任和共享，为良好关系的形成打下坚实的基础。展现真诚和善意可以增进彼此的理解和信任。当我们以真诚的态度对待他人时，会让对方感受到我们的诚挚和善意，从而促进相互间的理解和沟通。真诚的交流可以打破冰冷和疏远，拉近人与人之间的距离，建立真诚而持久的友谊。

友好和热情的交往方式也能够传递积极的生活态度和情感态度。当我们展现出热情和友好的态度时，会感染他人，激发积极向上的心态和生活态度。友好的交往不仅促进个体间的交流，也有助于社会整体的和谐与发展。

## 二、礼貌表达在跨文化交流中的作用

### （一）建立信任和友好关系

1.尊重他人的文化习惯和礼仪

在跨文化交流中，尊重并遵守对方的文化习惯和礼仪是极其重要的。不同的文化有独特的礼仪和行为准则，理解并尊重这些差异不仅能避免尴尬和误解，更能展现出对对方文化的尊重和包容。在亚洲国家，用双手递送物品或名片被视为一种尊重和礼貌的表现。这种行为体现了对对方的重视，以及对传统文化的尊重。相比之下，在西方国家，握手是常见的问候方式。握手代表着坦诚和友好，是西方文化中一种常见的社交礼仪。

了解并遵守这些文化差异，不仅是对礼仪的尊重，更是对人与人之间相互理解的基础。当我们尊重并遵守对方的文化习惯时，就能建立起一种良好的交流氛围。在跨文化交流中，这种尊重和包容尤为重要，因为文化差异可能导致误解或不适当的行为。通过学习和尊重对方的文化，我们拓宽了自己的视野，加深了对世界的理解。这种跨文化的学习和交流不仅能丰富我们的人生经验，也能促进全球范围内的友好关系和合作。

2.赢得对方的好感和信任

在跨文化交流中，尊重是建立良好关系的基础。使用适当称谓和礼貌用语，如尊称对方的姓名或职称，能够向对方展示你对其身份和地位的尊重，从而让对方感受到重视和关注。表达感谢和尊重对方的意见也是重要的礼貌表达方式。不同的文化中表达感谢和赞赏的方式有所差异。因此，了解并采用对方习惯的感谢方式，可以增进彼此之间的信任和友好关系。尊重对方的意见和观点，表现出开放的态度，有助于建立起良好的沟通和合作氛围。礼貌的表达方式有助于促进合作和沟通的效率。在跨文化交流中，有效地沟通是解决问题和达成共识的关键。通过使用礼貌的言辞和行为，能够降低交流中可能出现的障碍和误解，使双方能够更加顺畅地交流和合作。

（二）传递尊重和体现关心

1.传递尊重和关心

礼貌表达是对他人文化的尊重和认可。每个社会和文化都有独特的价值观和行为准则，而理解并尊重这些差异是建立友好关系的基础。例如，在某些文化中，用语言和行为尊重长辈或权威人士是非常重要的。遵守这些规范不仅是对他们地位和身份的认可，也表明了你愿意尊重和包容不同文化背景的人。通过尊重他人的文化，我们能够建立起互相理解的氛围。当你展现出对对方文化的尊重和关心时，对方也会更愿意理解和接纳你的文化背景。这种相互尊重和理解的氛围有助于消除隔阂和误解，促进良好的跨文化交流和合作。

礼貌表达还能够加深人际关系的亲密度和信任度。当你以尊重和关心的态度对待他人时，他们会感受到你的诚意和善意，从而愿意与你建立更加紧密和真诚的关系。这种关系的建立不仅有助于个人成长，也促进了社会的和谐与发展。

2.展示开放心态和包容性

尊重他人的文化价值观是对多样性的接纳和尊重。世界上有着众多不同的文化，每种文化都有其独特的价值观和习惯。尊重并愿意了解这些差异，我们展示了一种开放的心态，表明我们乐于接纳并与不同文化背景的人们进行交流互动。这种开放的态度有助于建立互相尊重和信任的关系。当我们展现出对他人文化的尊重和理解时，对方也会感受到我们的诚意和善意，从而更愿意与我们进行深入的交流和合作。这种互相尊重和信任是建立良好关系的基础，也是推动跨文化交流取得成功的重要因素。此外，尊重对方文化价值观和礼仪使得跨文化交流更加丰富和有意义。通过学习和体验不同文化，我们能够拓宽自己的视野，丰富自己的知识和经验。每一次跨文化交流都是一次宝贵的学习机会，让我们更加全面地理解世界的多样性和复杂性。

（三）化解文化冲突和提升交流效果

1.避免误解和不适

文化差异可能导致言行上的误解或不适，而通过了解对方的文化礼仪，可以避免意外触及对方的文化敏感点，减少交流中可能出现的负面情况。举例来说，个人空间和隐私是一个常见的文化差异点。在一些文化中，人们注重保护个人空间和隐私，喜欢保持一定距离，不喜欢被过度侵入。而在另一些文化中，人们可能更开放和直接，习惯于更为亲近地接触和交流方式。如果不了解这些差异，可能会导致交流中的误解或不适。

在跨文化交流中，我们可以注意自己的言行举止，尊重对方的个人空间和隐私需求，避免侵犯他人的隐私或造成不适。这种尊重和理解可以帮助建立起相互尊重和信任的关系，使交流更加顺畅和有效。

2.提升交流效果和质量

在交流过程中，要注重表达清晰、简洁的信息，避免信息混乱或误解的发生。良好的沟通需要建立起信任和理解，为交流的顺利进行奠定坚实的基础。

清晰而有条理的表达能够有效地传递自己的想法和观点，避免信息传达不清晰或引起误解。倾听和表达在交流中相辅相成，能够促进双方的有效沟通和理解。在交流过程中，及时给予积极的反馈和回应，并根据交流反馈调整自己的表达方式和沟通策略，可以达到更好的交流效果。

# 三、在跨文化交流中可能产生误解的礼貌表达

（一）语言和文化差异带来的挑战

1.语言差异

语言是文化的一部分，反映了特定社会和群体的价值观、习惯和思维方式。因此，即使使用相同的语言，不同国家或地区的人们也可能对某些词语或表达方式产生不同的理解和感受。例如，在某些国家，人们习惯于直接而简洁地表达意见，这被视为高效和直率的表现；然而，另一些国家更注重温

和和委婉的表达方式，直接的表达可能会被解读为冷漠或无礼。语境和文化背景对于理解表达方式至关重要。同一句话在不同的情境下可能会产生截然不同的效果。例如，一个简短的肯定回答"是"可能在某些文化中被视为礼貌和赞同，而在另一些文化中，可能需要更多的措辞和解释才能传达出同样的含义。

### 2.文化差异

文化差异对于礼貌表达的理解和接受确实具有重要影响，因为不同文化对于表达方式和交流风格有着不同的偏好和价值观。这种差异可能导致产生跨文化交流过程中的困惑和挑战，这需要我们理解和尊重对方的文化背景，以促进有效地沟通和互相理解。在一些文化中，直接表达意见被视为诚实和尊重他人的方式，强调直接传达想法和观点，以节省时间和精力。然而，在另一些文化中，更注重言辞的委婉和周到，强调维护人际关系以避免冲突。这种差异可能导致在跨文化交流中出现误解或不适。文化背景塑造了人们对于礼貌和交流方式的期望和习惯。在某些文化中，对于长辈或权威人士的尊称和尊重被视为基本的礼貌，而在其他文化中，更注重平等和开放的交流风格。因此，一个人在跨文化环境中可能面临选择如何恰当地表达自己的意图和情感，以避免引起误解。

要解决这些问题，我们需要培养跨文化敏感性和理解力。尊重对方的文化背景和习惯，学习并适应不同的沟通风格和方式，是解决这些挑战的关键。开放心态和包容态度也是必不可少的，要能够理解并欣赏不同文化间的差异，从而建立起更加和谐和有效的跨文化交流关系。

### （二）过度或不足的礼貌

### 1.过度的礼貌表达

在跨文化交流中，过度的礼貌表达确实可能产生一种虚伪或不真实的感觉，特别是在某些文化中，过分殷勤和客套被视为不必要的矫揉造作，甚至可能引发他人对真诚性的怀疑。这种情况下，过度的礼貌可能会对人际关系产生负面影响，阻碍沟通和交流。

举例来说，一位东方文化背景的人在与西方文化背景的人交流时，如果过于强调客套和殷勤，可能会被西方人误解为不真诚。因为西方文化中更看重直接和坦率的表达方式，过度的客套可能会产生反效果，影响交流的质量和效果。

2.不足的礼貌表达

在跨文化交流中，不足的礼貌表达可能会被误解为无礼或冷漠，因为在许多文化中，适当的礼貌和尊重被视为基本的社交准则。缺乏这种表达可能会给人留下不友好或不尊重的印象，导致交流的不顺畅和误解的产生。举例来说，在某些国家，如果在与他人交流时缺乏礼貌表达，比如不使用适当的称谓或不询问对方的健康情况，可能会被认为是不尊重或不关心对方。这种情况下，即使你意图并非如此，也容易引起误解和不适。

（三）隐含含义和非言语传达

1.隐含含义

隐含含义在跨文化交流中是一个极具挑战性和重要性的话题，它涉及言辞中的深层意思或情感色彩，通常超越了字面上的意思，因此需要我们在跨文化环境中特别注意。举例来说，当某人说"请你随便坐"，这句话在不同文化中可能会有不同的理解和反应。在一些文化中，这可能是一种真诚的邀请，表示对客人的尊重和包容，让客人感到自由和舒适。然而，在另一些文化中，这句话可能只是一种礼貌的客套话，实际期望对方拒绝并表现出谦逊。因此，如果我们不能理解这种隐含的含义，就有可能产生误解或导致尴尬情况的发生。

在跨文化交流中，理解隐含含义需要我们具备跨文化敏感性和掌握相关的沟通技巧。首先，我们应该尊重并学习对方的文化和习惯，了解他们在言辞中常用的隐含含义。其次，我们需要保持开放的心态，不做过于主观的推断或解读，而是多加沟通和确认。最重要的是，我们应该在交流中注重非言语信号的解读，包括肢体语言、面部表情和语气，因为这些信号常常可以帮助我们更准确地理解对方的意图。通过尊重对方的文化背景，保持开放和包容的态度，以及注重非言语信号的解读，我们可以更好地理解和应对跨文化交流中的隐含含义，从而促进有效的沟通和建立互信关系。

2.非言语传达

在跨文化交流中，非言语传达扮演着至关重要的角色。肢体语言、面部表情、眼神交流等信号，虽然不发出任何言辞，却能够传递丰富的信息和情感，但不同文化对这些信号的解读方式可能存在差异。举例来说，在许多文化中，微笑被视为友好和开放的表达，通常表示愉快、赞赏或欢迎，是一种积极的非言语信号，可以增进人际关系，拉近彼此的距离。然而，在某些文化中，微笑可能只是一种礼貌的表面行为，不一定反映内在情感，人们可能会用微笑来遮掩真实的情感，不一定意味着他们真的感到愉快或赞赏。这种情况下，如果我们单纯依赖微笑来判断对方的态度或情感，就可能产生误解。

除了微笑，其他非言语信号也存在类似的文化差异。比如，眼神交流在某些文化中被视为直接和坦诚的表达，是自信和尊重的体现；而在另一些文化中，长时间的眼神接触可能被视为无礼或挑衅。同样地，肢体语言和面部表情也可能在不同文化中产生不同的解读和反应。

## 四、礼貌表达引发误解的解决措施

在跨文化交流中，礼貌表达可能引发误解，但我们可以采取一些措施来解决这些问题，促进更有效地沟通和理解。

### （一）学习和尊重对方的文化背景

在进行跨文化交流时，了解和尊重对方的文化背景和习惯是确保有效沟通和建立良好关系的关键。通过学习对方的语言、习俗、价值观和社会规范，我们可以更深入地理解他们的行为和言辞背后的含义，从而避免产生误解和冲突。尊重对方的文化意味着不将自己的文化标准强加给对方，而是以开放的心态去接受和适应不同的文化方式，意识到文化差异的存在，并以尊重和包容的态度对待对方的文化。

学习对方的语言是跨文化交流的重要一环。语言不仅是交流的工具，更是文化传承的载体。通过学习对方的语言，我们可以更好地理解他们的思维方式和文化内涵，有效地沟通和交流。此外，了解对方的习俗、价值观和社会规范也是至关重要的。比如，某些文化对于时间的看法可能较为灵活，而另一些文化则更重视准时和效率。了解这些差异可以帮助我们更好地调整自己的行为和期望，以适应不同文化的交流环境。尊重对方的文化也意味着不以自己的文化标准来评判对方。每个文化都有其独特的美学、道德和社会习惯，没有绝对的对错之分。在跨文化交流中，我们应该保持开放的心态，欣赏和尊重不同文化的多样性，避免偏见和歧视。

### （二）多加沟通和确认

及时沟通是确保跨文化交流顺利进行的关键。在交流过程中，我们应该保持开放和坦诚的态度，勇于表达自己的想法和感受，积极倾听对方的意见和反馈。如果在对话中有含糊不清之处或可能产生误解，应该及时采取行动，主动澄清和解释，以确保信息传递的准确性和完整性。主动询问对方的看法和感受可以帮助双方对交流的内容和意义有清晰的理解。在跨文化交流中，由于文化差异和语言障碍，对话过程中可能存在理解上的偏差或不准确之处。因此，我们应该学会在交流中主动提问，确认对方是否理解了我们的意思，同时也要倾听对方的反馈，了解他们的想法和感受。

通过及时沟通和主动询问，我们可以有效地消除交流中的误解和不确定性，建立起更加互信和理解的联系。这种沟通方式不仅有助于提高交流的效率和质量，还可以促进文化间的相互学习和理解。

### （三）关注非言语传达和信号

在跨文化交流中，注意非言语传达是确保有效沟通和理解的重要方面。肢体语言、面部表情和语气等非言语信号在不同文化中可能有不同的解读含义，因此我们需要避免根据自己的文化标准来解读对方的非言语行为，以确保沟通的准确性和互信性。

通过注意和理解对方的非言语传达，更准确地理解其情感和意图，避免因文化差异而产生的误解和不适。借助观察和倾听对方的非言语信号，建立起更加互信和有效的跨文化交流，促进不同文化间的相互理解和尊重。

## （四）尊重和包容不同的沟通风格

理解文化间的沟通差异是促进有效交流的前提。在跨文化交流中，我们应该意识到不同文化对于表达方式的偏好可能存在差异，并尊重对方的表达习惯，不将自己的文化标准强加给对方，而是尝试理解和适应对方的沟通风格。这意味着我们需要灵活运用不同的表达方式，根据具体情境和对方的文化背景调整自己的沟通方式，以促进更加顺畅和有效地交流。

通过接受和尊重不同文化间的沟通风格差异，我们可以建立起更加包容和互相理解的跨文化关系。这种理解和包容的态度有助于增进文化间的相互尊重和合作，打破语言和文化带来的障碍，促进全球化时代的跨文化交流与交融。

# 第四章　语言中的隐喻与类比

隐喻和类比是语言和思维中常用的修辞手法，在文化中扮演着重要的角色。它们能够帮助我们更深入地理解抽象概念，传达情感和观点，以及促进跨文化交流和理解。

隐喻是一种通过暗示或比喻来传达意义的修辞手法。在文化中，隐喻常被用来创造象征意义。例如，将"心灵的旅程"隐喻成"穿越无尽的荒原"，用以描述一个人内心成长的过程。这种比喻不仅仅是语言上的联系，更是文化共享的象征，帮助我们在精神层面产生共鸣。

类比是一种通过比较来阐述相似之处的修辞手法。在文化中，类比常用于解释复杂或抽象的概念。例如，将社会比作一个"大熔炉"，不同文化背景的个体像是熔炉中的各种元素，通过相互融合和交流，共同塑造出多元而丰富的文化景观。

隐喻和类比在文化中的应用非常广泛。在艺术创作中，艺术家常常运用隐喻和类比来表达内心的情感和观点。比如，一幅描绘孤独的画作可能被视为整个社会的缩影，这种隐喻能够深刻触动观众的心灵。

此外，隐喻和类比也有助于跨文化交流和理解。不同文化间的隐喻和象征意义可能截然不同，通过对比和解释，我们能够更好地理解他人的观点和情感，减少文化之间的误解和隔阂。

# 第一节　汉英语言中的隐喻与类比及其文化根源

## 一、隐喻和类比的含义

隐喻和类比都是修辞手法，常用于语言中，以便形象地表达抽象概念、加强描述或比较。它们为语言增强了丰富性和生动性，使表达的意义更加鲜明。

### （一）隐喻

1.隐喻的定义

隐喻是修辞学中的一种重要手法，通过间接地将一个事物或概念与另一个不同但有关联的事物相比较，以形象化地暗示某种特定的意义、情感或理念。隐喻不同于直接的描述或字面意义，而是借助类比或象征性的语言，使读者或听众在理解时产生联想和深层的理解。

2.表达方式

在语言学和修辞学中，隐喻被视为一种语义转移的手段，通过将一个词或短语的意义从本来的领域转移到另一个领域，从而产生新的词义或语义层次。隐喻的构建涉及"隐含的比较"，即通过将两个概念联系起来，暗示它们之间的相似性或关联性。隐喻的使用可以使抽象的概念具体化，并增加语言表达的生动性和形象感。它常用于文学作品、诗歌和日常语言中，为表达增添了诗意和深度。隐喻不仅仅局限于语言层面，还反映了人类思维和感知的特性，通过类比和象征性的表达方式，丰富了人们对世界的认知和理解。隐喻是一种常见而重要的修辞手法，它通过隐含的比较和意义转移，使语言更具有表现力和感染力，促使受众在理解和解读时产生更深刻的体验和感受。

3.例子

文学作品中隐喻的运用是丰富多彩的，它赋予作品更深层次的意义和情感，同时展示出作者的想象力和表达技巧。从古代至今，隐喻在不同时期和文学流派中都有着重要的地位和作用。

例如中国古典小说《红楼梦》中运用了丰富的隐喻手法，以形象生动的比喻来描绘人物的性格和暗示人物的命运。书中将林黛玉隐喻成芙蓉，将薛宝钗隐喻成牡丹，这些隐喻不仅增添了作品的艺术魅力，也为读者揭示了人物的内心世界和命运的曲折。

隐喻的运用丰富了文学作品的意义层次，使作品更加生动有趣、富有诗意，同时也启发了读者对作品深层次的理解和感悟，彰显了中国文学的独特魅力和内涵。

4.特点

隐喻的运用基于语义转移的原理，即将一个词语或短语的意义从原本的领域转移到另一个领域，创造新的词义或语义层次。这种比较往往是暗含的、间接的，使得抽象的概念具体化和形象化，增加了文本的意义深度和情感层次。

在隐喻中，原本的概念或事物称为"隐喻的主体"，而被用来比较的事物称为"隐喻的客体"。隐喻的效果在于通过客体来揭示主体的特征或意义，从而启发读者或听众对主体的新理解或感受。隐喻的运用不局限于文学作品，也广泛存在于日常语言交流和文化表达中。它是一种典型的修辞手法，丰富了语言表达的形式和层次，为文学、文化和日常交流提供了重要的表达工具。

（二）类比

1.类比的定义

类比是修辞学中一种重要的手法，用于比较两个不同但有一定关联的事物或概念，以便更好地解释、阐明或强调其中一个事物的特点或性质。类比的运用在语言表达中起着丰富和深化理解的作用。类比的核心在于通过比较，将一个已知的事物或概念（称为源领域）与另一个较为抽象或不熟悉的事物或概念（称为目标领域）进行关联。这种比较往往基于某种相似性或共同特征，从而使得目标领域的性质或特点更加清晰和易于理解。

2.表达方式

在类比中，源领域提供了一种模型或框架，用以理解目标领域。类比的效果在于将源领域的特征或属性映射到目标领域，从而启发或强调目标领域的特性。通过类比，我们能够将抽象的概念具体化，使其更加生动和贴近实际。类比的运用不仅存在于修辞学和文学作品中，也广泛应用于科学、教育、逻辑推理和问题解决等领域。例如，科学中常用天体运动类比原子结构，以帮助学生理解抽象的物理概念；逻辑学中常用类比来推断未知领域的特性，以便做出推理和判断。类比作为一种重要的修辞手法和认知工具，通过比较和关联不同的事物或概念，帮助我们更好地理解和表达复杂的信息和想法。其应用不仅拓展了语言表达的可能性，也促进了知识的传播。

3.例子

类比作为一种重要的修辞手法，被广泛运用于名著和诗歌中，以丰富的想象力和艺术表现力展示着中国文学的独特魅力。

以《西游记》为例，作者吴承恩通过类比来形象描绘人物的特征和能力。例如，将孙悟空的身手比作"神鸟凤凰"，形象地表达了他的灵活和非凡，使读者更加直观地感受到孙悟空的超凡能力和独特魅力。古代诗歌中也经常运用类比来丰富表达。唐代诗人李白的《将进酒》中有"君不见高堂明镜悲白发，朝如青丝暮成雪"，将抽象的生命衰老类比为一日之间的变化，突出人生易老的悲慨。宋代词人苏轼的《水调歌头》中有"落花人独立，微雨燕双飞"，将落花和微雨与人的离别情感相类比，表达了深沉的离愁别绪，增强了词作的意境。类比作为一种修辞手法，为中国古代文学作品增添了丰富的形象感和意境，使作品更加生动和具有感染力。通过类比，作品中的抽象概念和情感得以具象化，使读者能够更深入地理解和体味文学作品所表达的内涵和情感。类比不仅丰富了文学表达的形式，也展示了中国文学独特的艺术魅力和文化底蕴。

4.特点

类比的效果在于将源领域的特征、关系或结构映射到目标领域，以便使目标领域的概念更加具体化和易于理解。这种比较通常基于某种共性或相似性，使得抽象或复杂的概念得以用更为直观和熟悉的方式来表达和理解。在认知科学中，类比被认为是一种推理机制，通过对相似性的识别和应用，来推导新的概念或结论。类比的使用有助于激发思维的创造性和联想性，促进知识的迁移和应用。

类比作为一种重要的认知工具和语言策略，在解释复杂或抽象概念时发挥着重要作用，能够帮助受众建立起与熟悉事物之间的联系，从而促进对新概念的理解和认知。通过类比，我们将抽象的概念置于熟悉的语境中，使知识的传播和理解变得更加有效和有趣。

（三）隐喻与类比的区别

隐喻和类比是两种常见的修辞手法，它们在表达和阐释概念时有着不同的特点和用法。隐喻常常通过暗示或间接地将一个事物或概念与另一个不同但有关联的事物相比较，以便形象地传达特定的意义或情感。隐喻的特点在于其隐晦和暗示，读者需要通过思考和联想才能理解隐含的意义。例如，在"他是一轮明月"这样的表述中，明月隐喻了被描述对象的高尚和光辉。相比之下，类比则相对直接，通过明确的比较来阐释概念或揭示相似之处。类比是一种更为直观和明确的修辞手法，常常通过对两个事物或概念的直接比较，来强调它们之间的共同点或相似性。例如，在"学习是心灵的食粮，阅读是头脑的营养"这样的表述中，将学习和阅读与食物对心灵和头脑的作用相提并论，以强调它们的重要性。

隐喻和类比在表达和阐释中各有其独特的用途和效果。隐喻常常用于诗歌、文学作品或修辞语言中，通过隐晦的暗示和象征来营造意境和增强表达的深度。类比则常用于解释和说明复杂的概念或抽象的思想，通过直接的比较使抽象的概念更具体和易于理解。

## 二、隐喻在汉语和英语中的使用

（一）汉语中的隐喻使用

1.文化象征和传统

隐喻在汉语中常常涵盖丰富的文化象征和传统，体现中国人的文化观念和情感表达方式。其中，"红颜知己"一词便是一个典型的例子，用来指代与男性有深厚精神共鸣的女性朋友。隐喻中的"红颜"一词在中国文化中具有特定的象征意义。红色在中国传统文化中代表热情、喜庆和祥和，常被用来表达喜庆和美好的情感。因此，"红颜"一词暗示了这位朋友是让人感到愉悦和温暖的存在，与红色的积极意义相契合。隐喻中的"知己"指的是彼此心灵相通、互相信赖的朋友。这个词汇体现了中国人重视人际关系和情感交流的传统价值观，强调了友情的珍贵和深刻。

在汉语中，隐喻的运用常常超越了简单的比喻，更融入了文化和传统的元素，使得语言表达更富有深度和情感。通过隐喻，人们能够以简洁而富有意象的方式，表达出内心的感受，体现语言的美学和文化的传承。

2.自然和传统文化

汉语中常使用自然界和传统文化的形象来表达抽象的概念和情感。例如"绿叶成荫"既是自然景色的描摹，也常用来比喻子女渐渐长大成人，像绿叶般茂盛，表达了家庭繁荣昌盛的美好愿景，体现了中国人对家庭和子女成长的期待与祝福。

这一隐喻同时反映了中国文化中"家和万事兴"的价值观念，强调了家庭的重要性和子女成长的喜悦。它不仅仅是一种形象的比喻，更是一种寄托了情感期待的文化符号，体现了中国人对于生活、家庭和未来的美好愿景。通过这样的隐喻表达，人们能够以简单而生动的形象，抒发内心的感受和对未来的美好祝愿，同时也展现出中国文化中融合了自然、人情的独特魅力。

（二）英语中的隐喻使用

1.自然和日常生活

英语中隐喻的运用常常体现在对自然和日常生活的比喻上，通过简洁而生动的表达方式，传达出丰富的意义和观念。其中，"time is money"（时间就是金钱）这样的隐喻概念，直接将时间与金钱进行比较，强调时间的宝贵和重要性，体现了英语中实用主义和效率观念的文化特点。这种比喻的背后反映了英语文化中对时间的珍视和效率的重要性。在现代社会中，时间被视为一种资源，像金钱一样需要节约和合理利用，因此这个隐喻强调了时间的珍贵和不可逆转的特性。英语国家的文化倾向于强调效率和成就，将时间视作一种宝贵的资源，需要合理管理和有效利用。此外，这个隐喻还暗示了人们在日常生活中应该如何看待时间。将时间比作金钱，不仅强调了时间的短暂和珍贵，还提醒人们要有时间管理意识，合理安排生活和工作，追求高效和成就。

2.历史和文学典故

英语中的隐喻常常涉及历史和文学典故，通过引用传统故事或事件来比喻特定的行动、决定或情境，赋予其更深层次的含义和象征意义。例如，Pandora's box（潘多拉之盒）就是一个经典的隐喻，指代一个带来灾难性后果的行动或决定。在希腊神话中，潘多拉是被造物神赋予美丽外貌和好奇心的第一个女性。传说中，潘多拉得到一个装满各种灾祸和疾病的盒子，她被告知绝对不要打开这个盒子。然而，好奇心驱使下，潘多拉最终打开了盒子，从而释放出无法收拾的灾难和痛苦。因此，Pandora's box用来比喻一种看似无害但实际上会带来灾难性后果的行为或选择。当人们用这个隐喻来形容某种情况或决定时，他们暗示着这种行为可能会引发无法预料或无法控制的后果，就像打开潘多拉之盒一样，会释放出一连串的问题、困难或灾难。

这个隐喻反映了英语文化中对于决策和行动带来的潜在风险和后果的关注。它提醒人们在面临选择时要谨慎思考，避免因一时的冲动或好奇心而导致不可挽回的后果。同时，这个隐喻也体现了对历史和传统故事的尊重和借鉴，通过引用古老的神话故事来赋予现代语言更深层次的文化内涵和情感色彩。因此，Pandora's box这一隐喻在英语中成为一种通俗而有力的表达方式，通过对历史和文学典故的巧妙运用，使得语言表达更加生动、富有意味，并且传递了深刻的道德和哲学思考。

（三）总体比较

1.文化背景和传统影响

汉语和英语中的隐喻体现了两种文化语境下的修辞特点和意识形态。汉语隐喻深深扎根于中国的文化传统和历史背景，常借助自然、传统文化和情感等领域的符号和意象，以达到表达深刻思想和情感的目的。这种隐喻具有较浓厚的文化内涵和情感色彩，反映了中国人对传统价值观念的重视以及对自然与人文的融合关系的体验。

在汉语隐喻中，常见的比喻对象包括自然界的景物（如山水、花草）、传统文化符号（如诗词、典故）以及人情世故中的情感表达。这些比喻不仅仅是语言的修辞手法，更是文化意识的体现，通过隐晦的表达方式，传递着深层次的思想观念和情感体验。

相比之下，英语隐喻更多受到实用主义和文学传统的影响，注重直接、实用的表达方式。英语隐喻常以日常生活、自然界的景物或历史典故为基础，借助生动的比喻来强调概念或思想。这种隐喻更强调言简意赅、富有实用性，体现了英语文化中务实主义和效率观念的特点。

汉语和英语中的隐喻反映了不同文化对比喻和象征的理解与运用方式。汉语隐喻在文化内涵和情感色彩上具有较强烈的特点，强调思想深度和意境；而英语隐喻则更注重于实用性和直接性，以生动的比喻手法为语言增添形象与力度。这种文化背景下的隐喻差异，丰富了语言的表达形式和文化的多样性，也体现了不同文化之间在思维方式和语言习惯上的独特魅力。

2.语言特点和表达方式

汉语和英语中的隐喻在表达风格和应用场景上存在着明显的差异。汉语隐喻倾向于含蓄、柔和，强调人情味，适用于抒情和文学作品。这种隐喻的特点与中国文化中的情感表达和人情味的重视密切相关，反映了中国人在语言交流中对情感、人际关系和美学体验的关注。

汉语隐喻常常用在抒情、叙事和文学作品中，以丰富的意象和情感色彩表达人生感悟。它强调情感的内省和深度，通过含蓄而细腻的表达，营造出丰富的意境和情感氛围，适用于文学作品中的形象描绘和情感抒发。

相比之下，英语隐喻则更加直接、生动，强调实用性和有效沟通。英语隐喻的特点与英语文化中的实用主义和务实观念紧密相连，反映了英语使用者在语言交流中更注重清晰、简洁和有效的表达方式。英语隐喻常常运用于教育、广告、商务谈判等实际场景中，以简洁而生动的比喻来解释概念、强调观点或引发共鸣。它强调了言简意赅和直指问题的特点，适用于需要迅速有效沟通和理解的场合。

汉语和英语中的隐喻在表达风格和应用场景上存在着明显的差异。汉语隐喻强调情感和抒情，适合用在文学作品和感性表达；而英语隐喻则更加直接和实用，适用于教育、商务和日常交流等场景。这种差异反映了不同文化背景下对语言表达方式和交流目的的不同理解和重视程度。

## 三、类比在汉语和英语中的使用

### （一）汉语中的类比使用

#### 1.融入历史、文化和传统元素

汉语中的类比常常融入历史、文化和传统的元素，体现出中国对道德品质和文化符号的崇高追求和珍视。例如，"君子如玉"用来比喻高尚的品德，将君子的高贵与玉的高贵相比，体现了中国传统文化中对于品德和高尚行为的理想化表达。在中国文化中，玉石一直被视为高贵、珍贵的象征，具有高洁、坚贞、美好的品质。玉石因其色泽温润、质地坚硬，常被用来比喻人的品性和道德。"君子如玉"这样的表达方式不仅传达了道德理想，也反映了中国文化中对于高尚品德和个人修养的崇高追求。这种类比在汉语中广泛运用，不仅丰富了语言表达的形式，更深化了人们对于道德、文化和人性的理解。

2.强调情感和人文价值

汉语中的类比常强调情感和人文价值，通过生动的比喻表达人物的特征和情感状态，体现了中国文化对情感与人性的关注与赞美。例如，"犹如春风拂面"用来形容某人的笑容温和，将春风的柔和与人的温情相比，表达出对人的善良和亲切的赞美。这样的类比充满了诗意和情感色彩，展现了中国传统文化中对于人情味和文学意境的重视。

（二）英语中的类比使用

1.注重对日常生活和科技领域的比较

在英语中，类比常注重对日常生活和科技领域的比较，以便在交流和解释中增强形象感和提高实用性。

在日常生活中，英语类比常常通过对自然界、动物或日常活动的比较来说明抽象概念或个人特征。例如，"as quiet as a mouse"（像老鼠一样安静）用来形容一个人或地方非常安静，使得听者能够直观地理解这种安静状态。此外，在科技领域，类比常用于解释复杂的科学概念或技术原理。例如，"the brain is like a computer"（大脑就像一台计算机）用来比喻大脑的功能和计算机的工作原理相似，使得普通听众能够更容易理解大脑的复杂运作方式。类比在英语中的应用不仅仅限于日常交流，也常见于商业、教育和文学作品中。比如，在商业领域，"the competition is like a race"（竞争就像一场比赛）用来比喻商业竞争的激烈程度，增强了人们对竞争对手和市场环境的理解。英语中的类比通过对日常生活和科技领域的比较，使得抽象概念更具体化，增强了语言表达的形象感。这种修辞手法在英语交流中发挥着重要作用，丰富了语言的表达方式，帮助人们更好地理解和传达各种概念和主题。

2.强调实用性和生动性

英语中的类比常强调实用性和生动性，通过直接的比较使得抽象概念更具体化，具有强烈的形象感和直观性。例如，"as busy as a bee"（像蜜蜂一样忙碌）用来形容某人非常忙碌，用蜜蜂的勤劳类比人的忙碌，生动地传达了忙碌的状态。这种类比常用于日常生活场景和商务交流中，因其简洁明了而广受欢迎。蜜蜂是勤劳的象征，为了采集花蜜而不辞辛劳，因此将人的忙碌程度与蜜蜂相类比，形象地表达了一个人忙碌劳累的状态。

英语中的类比强调形象化和直观性，使得抽象概念更具体、可感知，更易于理解和接受。这种修辞手法在日常交流、文学作品和商务场合中广泛运用，丰富了语言的表达形式，同时也加深了交流双方对于所描述情境的共识和体验。英语中的类比通过形象生动的比喻，有效地传达了人物特征、情感状态或概念意义，增强了语言表达的生动性和实用性，同时也深化了人们对于生活、情感和文化意义的理解与体验。

### （三）总体比较

类比在汉语和英语中的运用展现出不同的文化特点和表达方式。汉语中的类比更注重历史、文化和传统元素，强调情感和人文价值，具有诗意和哲理性。这种特点反映了中国文化的深厚底蕴。汉语类比常借助历史典故、传统文化符号或古诗词来传递意义，以情感的表达和道德价值的强调为主要特征。类比在汉语中常被视为一种文学性修辞，用以抒发情感、阐述哲理或传递道德观念，强调内在的文化积淀和情感共鸣。相比之下，英语中的类比更加注重对日常生活和科技领域的比较，强调实用性和形象化，具有直观和生动的表达效果。英语类比常以生活常识、科技现象或自然现象为基础，用以解释抽象概念或理念，强调实际应用和直观理解。这种特点反映了英语文化对实用性的重视，强调清晰、直接和形象的表达方式，有助于信息传递和概念理解。

因此，汉语和英语中的类比在应用领域和表达方式上存在差异，体现了各自语言和文化的特定审美和交流需求。汉语的类比强调情感表达和文学意境，反映了中国文化对情感与人性的重视；而英语的类比则着重于简洁明了的表达方式和实用性，反映了英语文化对实用思维和直观交流的重视。这些不同之处丰富了语言的表达形式，也反映了不同文化背景下人们对于语言和修辞的不同追求和偏好。

## 第二节　隐喻与类比在跨文化交际中的障碍与对策

### 一、隐喻和类比在跨文化理解中面临的障碍

#### （一）文化背景差异

隐喻和类比在语言和文化中扮演着重要的角色，但它们的理解确实深受特定文化和历史背景的影响。不同文化对自然、历史、文化和传统的理解方式和重视程度存在差异，这可能导致隐喻和类比在跨文化交流中产生误解或歧义。隐喻和类比通过将不同事物进行比较或联系来传达某种含义，这些比喻和类比往往建立在特定文化共识的基础上。举例来说，有些文化中将白色与纯洁、善良联系在一起，而将黑色与悲伤、不幸联系在一起。但在其他文化中，这种色彩象征可能截然相反。因此，当有些人使用白色和黑色的隐喻时，可能无法将他们期望的含义准确传达给其他文化的听众。

类似地，隐喻和类比中常用的自然和动物的象征，在不同文化中也可能有截然不同的理解。例如，在某些文化中，狐狸被视为狡诈的象征，但在其他文化中，狐狸可能具有完全不同的象征意义，甚至被视为吉祥的动物。因此，当使用这些象征进行隐喻或类比时，需要了解不同文化间的差异，以避免产生误解或引发不必要的困扰。

#### （二）语言差异和翻译问题

隐喻和类比在不同语言之间的翻译面临挑战，因为其背后的文化内涵和象征可能在不同语境中有多样化的解释。直译隐喻和类比往往会导致意义和

情感色彩的失真，影响跨文化交流的准确性和效果。隐喻和类比依赖于特定文化和语境。

在翻译过程中，隐喻和类比的文化内涵往往无法直接转移到其他语言中。这是因为不同语言和文化对于相同事物的理解存在差异，导致隐喻和类比的译文可能无法完整地传达原始意义。特定文化的象征和符号在不同文化中可能没有相同的共鸣，使得直译隐喻和类比时常常会丢失重要的信息和情感内涵。因此，在跨文化翻译中，译者需要具备深厚的文化理解和语言能力。译者应当根据目标语言和文化的特点，灵活运用相似的隐喻或类比来传达原始文本的意义和情感。这种文化转换和语境调整能够帮助准确地传递信息，避免产生误解和歧义。

### （三）理解的主观性

对隐喻和类比的理解受到个体主观性的影响，因为每个人对抽象概念和象征的解读可能具有不同的文化、认知和经验背景。在跨文化交流中，个体可能根据自身的文化认知和语境来解读隐喻和类比，从而导致解释的多样化和可能产生的误解或歧义。隐喻和类比旨在将一个概念与另一个概念进行联系以产生新的理解。然而，这种联系的建立取决于个体的心理认知和文化背景。个体基于其所处的文化环境、语言习惯、教育经历和社会经验，可能会对隐喻和类比产生不同的解读和理解方式。

在跨文化交流中，隐喻和类比的解释因个体主观性而具有多样性。不同文化背景下的个体可能赋予相同隐喻或类比不同的意义和情感色彩，这取决于他们对象征和比喻的理解。因此，当发生跨文化交流时，个体可能根据自身的文化认知和经验，对隐喻和类比进行个性化的解读，从而导致理解上的差异和潜在的误解。个体主观性对隐喻和类比的理解产生影响，也反映了认知心理学和文化心理学领域的重要概念。认知心理学研究表明，个体对抽象概念的理解受到语境和情境的影响，因此在跨文化交流中，隐喻和类比的传达需要考虑个体的文化背景和认知差异。同时，文化心理学强调了文化对个体心理过程和认知方式的塑造作用，从而引导我们意识到隐喻和类比解读的主观性和多样性。

### （四）文化偏见和误解

隐喻和类比常依赖于特定文化的传统和价值观，因此听者或读者在解读和理解时可能会受到自身文化偏见的影响。这种文化偏见可能导致对他人文化的误解和错误判断，从而阻碍了跨文化的交流。

文化偏见是指个体基于其所处文化的特定价值观、信仰或习惯，对其他文化或个体产生不公正的看法或评价。在隐喻和类比的解读过程中，听者或读者可能根据自身文化偏见对其进行主观的理解和评判，而忽视其他文化的真实含义和背景。这种文化偏见可能导致跨文化交流中的误解和冲突。当个体基于自身文化偏见来解读隐喻和类比时，可能会错误地理解他人的意图，从而产生不准确的认知和错误的判断。这不仅阻碍了有效的跨文化沟通，还可能加剧文化间的隔阂。

### （五）抽象性和复杂性

隐喻和类比的抽象性和复杂性在跨文化交流中确实带来了挑战，因为听者或读者需要具备一定的文化和语言背景才能准确理解。

1.语言能力和词汇限制

隐喻和类比常常通过比较来传达抽象的概念或情感，涉及丰富而复杂的语言结构和词汇。对于听者或读者来说，理解复杂的隐喻和类比需要具备一定的语言能力和词汇储备。如果听者或读者的语言能力较弱或词汇掌握有限，他们可能无法准确把握隐喻和类比所表达的深层含义和比较关系，从而导致理解上的困难或产生误解。某些隐喻或类比可能依赖于特定的词汇或语言表达，这些词汇在其他语言或文化中可能没有相对应的文化背景或语义。因此，听者或读者可能无法准确理解原始语言中所使用的词汇，导致隐喻和类比的意义无法有效传达或产生误解。

2.信息处理困难和认知负荷

隐喻和类比常常涉及比较，需要听者或读者进行较高水平的信息加工和认知处理。这包括理解隐喻中的隐含意义、推理比较对象之间的关系，以及从抽象的比喻中推导出具体的概念或观念。对于认知能力较弱或缺乏相关经验的听者或读者来说，理解复杂隐喻和类比所需要的努力可能会超出其能力范围，导致信息消化的困难和理解上的障碍。

在跨文化交流中，听者或读者可能面对来自多个不同文化的多样化隐喻和类比，这增加了认知负荷。不同文化背景中的隐喻和类比可能具有不同的象征意义和文化内涵，需要听者或读者具备跨文化理解能力和广泛的文化知识，才能准确理解和解释所传达的信息。面对多样化的隐喻和类比，听者或读者需要投入更多的认知资源和时间，以应对信息的复杂性和抽象性，从而实现有效的跨文化交流。

# 二、解决上述障碍的措施

当面对文化背景和语言差异、翻译问题、理解的主观性、文化偏见、误解，以及隐喻和类比的抽象性和复杂性等跨文化交流障碍时，可以通过以下措施来解决。

（一）跨文化教育和培训

1.提升对不同文化背景和语言特点的认知和理解

学习其他文化的历史、价值观和传统习俗是拓展多元文化认知的重要途径。通过深入了解其他文化的发展历程和核心价值观，个体能够增强对文化多样性的理解和尊重。这种跨文化认知不仅有助于消除文化偏见，还能够促进更加和谐的社会关系。探索不同语言的结构和表达方式可以加深对语言在文化中的重要性和影响的理解。语言不仅是信息传递的工具，更是文化认同和社会交往的载体。通过学习不同语言的语法、词汇和语音特点，个体可以认识到语言与文化之间的紧密关系，从而更好地应对跨文化交流中的语言障碍。参与跨文化教育培训课程是提升对跨文化交流挑战应对能力的重要途径。这些课程不仅能够传授有效的跨文化沟通技巧，还能够培养个体对文化差异的敏感度和理解力。通过实际的跨文化体验和模拟情境训练，个体可以学会如何应对不同文化背景下的沟通挑战，促进有效的跨文化交流和合作。

2.培养跨文化意识和敏感度

了解文化差异的存在和重要性是建立有效跨文化交流的基础。每个文化都有其独特的价值观念、习俗和信仰体系，而这些差异不仅丰富了人类社会，也为文化交流带来了丰富的可能性。通过认识和理解文化差异，个体可以避免形成刻板印象和文化偏见，从而以更加开放和包容的态度面对不同文化背景的人群。培养对多元文化的尊重和包容心态是有效跨文化交流的关键。尊重意味着不仅仅是接受文化差异，更是欣赏和尊重其独特之处。通过欣赏不同文化的艺术、音乐、文学和风俗习惯，个体可以培养出一种包容的心态，进而更加积极地融入跨文化环境，并与他人建立起真诚的交流和合作关系。在日常生活中积极接触和与不同文化的人群交流是促进跨文化体验和理解的有效途径。通过参加文化交流活动、社区活动或国际交流项目，个体可以亲身体验和感受不同文化背景下的生活方式和价值观。这种互动和交流不仅可以拓宽个体的视野，还可以增进对他人文化的理解和尊重，促进跨文化交流的深入和持久发展。

3.学习跨文化沟通技巧

注重有效地倾听和理解是促进跨文化沟通的基础。在跨文化交流中，倾听不仅是听到对方说话的内容，更重要的是理解其背后的意图和文化背景。关注非语言信号，如姿态、表情和身体语言，以及文化背景对言辞的影响，有助于更全面地理解对方的意思，避免误解和不必要的冲突。学习如何应对文化差异和沟通障碍是有效进行跨文化交流的关键技能。了解不同文化的交流习惯和沟通方式，学习和适应对方的文化背景，能够有效化解潜在的沟通障碍，并避免因文化差异而产生误解和冲突。这种跨文化敏感性和应对能力是建立良好跨文化关系的重要基础。掌握在跨文化环境中建立信任和合作关

系的策略至关重要。和灵活的沟通方式可以增进与他人的理解和合作，促进
共同目标的达成。建立信任需要时间和努力，通过真诚地交流、展现尊重和
关注对方，可以逐渐建立起稳固的跨文化合作关系。

（二）语言能力和翻译技巧的提升

1.加强听者或读者的语言能力

有效的语言培训和学习资源是帮助听者或读者提高外语水平的重要途
径。通过高质量的语言课程、教材和在线学习平台，个体可以系统地学习外
语的基础知识。这些资源还可以提供丰富的听力、阅读、写作和口语训练，
帮助学习者全面提升外语技能。

语言的实际运用对于提高外语能力至关重要。通过实践性的交流活动、
角色扮演和模拟对话等方式，学习者可以在真实场景中应用所学知识，提高
听说能力和收获交流技巧。这种实践性的学习方法有助于提高学习者的语言
自信度，培养流利的口语表达能力。

针对不同语言能力水平的个性化学习计划是确保学习有效性和可持续性
的重要策略。通过评估学习者的起点和目标，制订个性化的学习计划和进度
安排，可以更好地满足学习者的需求。个性化的学习计划还可以激发学习者
的学习动力，提高学习效率和成果。

2.培训专业的翻译人员

专业的翻译培训课程是培养翻译人员语言技能和跨文化理解能力的关
键。这些课程应涵盖语言学习、语言对比、文化背景和传播理论等方面的内
容，旨在帮助翻译人员更好地理解不同文化间的差异和联系。通过系统的培
训，翻译人员可以提升翻译能力，更准确地传达原文的意思和情感。

翻译的准确性和清晰度是确保翻译质量的关键要素。翻译工作不仅要考
虑语言本身，还要充分考虑文化背景、语境和表达方式等因素。准确地把握
原文的含义，避免歧义和误解，是保证翻译成果符合原意的关键。清晰度则
确保译文易于理解和接受，便于有效传达信息。

使用先进的翻译工具和技术是提高翻译效率和质量的重要途径。现代翻

译工具如计算机辅助翻译软件和机器翻译系统，可以大幅提升翻译效率，减少人为错误的发生，并为翻译人员提供更好的支持。然而，翻译人员仍需要根据具体情境进行判断和调整，确保翻译质量不受影响。

3.使用简明、通用的语言表达方式

使用通用性强、易于理解的语言表达方式是提升跨文化交流效果的重要措施。避免过度依赖特定文化或语境的词汇和隐喻，选择大众熟知的词汇和表达方式，有助于消除语言障碍和文化误解，使信息传递更加清晰和直接。

培养简洁明了的表达习惯是提高跨文化交流效果的关键。避免使用复杂或难以理解的语言结构和句式，采用简洁、直接的表达方式，可以有效提高信息的传达效率和准确度，降低理解的难度。

跨文化交流指南是帮助个体掌握适合广大受众的语言风格和表达方式的重要手段。这些指南包括针对不同文化背景和语言能力的建议，指导个体如何选择合适的语言风格和表达方式，以确保跨文化交流的顺利进行和有效实现。

# 第五章　语法结构与思维方式

　　语法结构与文化思维方式在语言学和文化研究中扮演着重要的角色。语法结构是指语言中用来表达意义的规则和模式，而文化思维方式则涵盖了人们对世界的看法、价值观念和认知方式。这两者之间存在密切的关联，深刻影响着语言的使用和理解。

　　语法结构反映了文化的认知方式和思维模式。不同语言的语法结构体现了不同文化对于时间、空间、关系和动作等概念的理解和表达方式。例如，某些语言强调动作的完成与否、时间的顺序或空间的方位，这种语法结构反映了该文化对时间和空间的认知方式。

　　语法规则的差异会影响人们的思维习惯和交际方式。例如，一些语言强调礼貌和尊重，反映了该文化对人际关系和社会等级的重视。语法结构与文化思维方式之间相互影响。语言的结构反映了文化的价值观念和社会结构，同时也塑造了人们的认知方式和行为模式。

　　通过语法结构的学习和理解，人们可以逐渐领会不同文化的思维方式和心理模式。语法结构与文化思维方式的研究有助于促进跨文化交流和理解。了解不同语言背后的文化思维方式，有助于人们在跨文化环境中更好地沟通和协调，增进文化间的相互理解和尊重。

# 第一节  汉英语法特点及其映射的思维模式比较

## 一、汉语和英语的语法结构和特点

（一）汉语的语法特点

1.无词形变化

汉语作为一种汉藏语系的语言，在词性变化方面与印欧语系的英语有明显的差异。汉语中的词汇通常具有固定的基本形式，在句子中不发生词形的变化，这与英语等一些其他语言的词形变化形成鲜明对比。

汉语的词汇特征体现了一种"分析型"语言结构，这种结构强调词汇的词类通常是固定的，不随语法功能的变化而改变。在汉语中，词的基本形式（无论是名词、动词还是形容词）在句子中的作用和含义通常由上下文和语序来决定，而非通过不同的语法功能或时态。

汉语的语法系统更多地依赖于词序和修饰关系，而非词形变化。这种特点反映了汉语语法的"主谓宾"结构以及修饰成分的灵活运用，例如通过名词短语的位置和修饰词的使用来表达复杂的概念和语义关系。

汉语中的语法功能通常通过虚词、助词和语序等手段来表示，例如，汉语中使用"了""的""地"等语法标记来表示动词的时态和语气，而不是通过动词本身的形态变化。

2.词序很重要

汉语作为一种以词序为主要语法手段的语言，其句子结构和语义表达在很大程度上依赖于特定的词序排列。这种语法特点反映了汉语作为一种分析型语言的基本特征，具有独特的语法结构和表达方式。汉语的基本词序通常遵循"主语＋谓语＋宾语"的顺序。这一顺序是汉语句子结构的基本模式，其中主语用来表示动作的施事者或状态的持有者，谓语表示动作或状态的发生或属性的表达，宾语则表示动作的承受者或行为的对象。这种词序排列反映了汉语句子的基本逻辑和语法结构。汉语通过词序的灵活运用来表达复杂的句子结构和语义关系。除了基本的"主语＋谓语＋宾语"顺序外，汉语还可以通过调整词序来强调某些信息或改变句子的重心。例如，通过将宾语置于句首，可以实现信息的前置，从而达到表达重点的目的。

汉语的词序还可以通过标点符号和语气词的运用来增加句子的语法和语义的丰富性。通过逗号、句号、顿号等标点的使用，可以划分句子成分和语义单元，使句子结构更加清晰易懂。同时，通过语气词的加入，可以表达句子的语气、情感和态度，增强语句的表达力和情感色彩。

3.没有冠词和复合词

汉语与英语不同，没有冠词（如the、a、an）以及利用词缀形成复合词的构造方式。这种语言结构的不同反映了两种语言在语法和语义上的差异。汉语中名词通常不需要使用冠词来确定其特定性或泛指性。相反，名词的特定或泛指含义常常依赖于上下文语境。这种语言特性使得汉语中的表达更加依赖于整个句子或段落的语境，而非单独的词语。汉语也没有英语中常见的词缀和复合词构造方式。在英语中，通过添加前缀或后缀，或者将多个词组合形成新词，可以扩展词汇量并丰富表达方式。然而，在汉语中，这种构造方式并不常见，而是更多地依赖于词语的组合和搭配来表达复杂的概念。因此，汉语中的词汇表达更加直接和简洁，常常通过词序和词语之间的关系来传达更加具体的含义。

4.动词没有时态

汉语中动词本身的形式并不随时间状态而变化，即动词的词干保持不变，不像英语中有动词时态变化（如过去时、现在时、将来时等）。相反，汉语通过使用时间状语、上下文信息以及一些特定的助词来表达动作发生的时间或状态。例如，"了""过""着"等助词可以用来表示动作的完成或进行状态。

汉语中的时间状态更多地依赖于上下文和语境的支持。在表达特定时间状态时，汉语会借助时间副词（如"昨天""明天""现在"等）或者特定的句式结构来明确动作发生的时间。这种方式使得汉语的时态表达更加灵活，也更多地依赖于语境的推断和理解。

汉语动词时态的这种表达方式反映了汉语语法的特点，即语言更注重整体语境和语义信息的传达，而不是单一词语的形式变化。这种语言结构的特色对于母语者来说是自然而直观的，但非母语者可能需要更多的语境理解和练习才能掌握其中的规律和特点。

5.语气助词丰富

语气助词在汉语中可以用来表达疑问、感叹、命令等不同的语气。例如，"吗"用于疑问句，或把陈述句变为疑问句，如"你来吗？"；"啊"用于感叹句或祈使句，增强语气和情感色彩，如"真漂亮啊！"；"呢"用于询问对方的意见或状态，如"你呢？"。语气助词还可以用来表达语气的委婉或礼貌。例如，"谢谢啦"中的"啦"则增添了友好和亲近的语气。语气助词也可以用来表示说话者的态度、情感或感受。比如，"了"在句末常常表示语气的变化或感叹；"吧"表示提出建议或假设，带有推测的语气。

汉语的语气助词丰富了句子的表达方式，增强了交际的效果和沟通的力度。它们的使用与语境密切相关，不同的语境和情境可能会影响语气助词的选择和效果。因此，对于学习汉语的非母语者来说，掌握语气助词的用法和特点是提高语言表达能力的关键之一。

## （二）英语的语法特点

### 1.词形变化

英语中的名词、动词和形容词等词类在句子中根据其语法功能会发生变化，这种变化反映了英语的丰富语法特点和词法规则。这些变化可以包括名词的单复数变化、动词的时态和语态变化以及形容词的级别变化等，这些变化对于句子的结构和意义起着重要的作用。

名词在英语中根据其数量的变化而变化，主要分为单数和复数形式。单数名词通常表示一个或单个实体，而复数名词表示数量大于一个的概念。名词的复数形式通常在词尾加–s或–es来表示，但也存在不规则的复数形式，如child变为children，man变为men等。

动词在英语中根据时态和语态的变化表达不同的动作状态和时间关系。动词的时态包括一般现在时、一般过去时、一般将来时等，通过动词的词形变化或助动词来表示。此外，动词还可以表达不同的语态，包括主动语态和被动语态，通过助动词"be"加上动词的过去分词来构成不同的语态形式。

形容词在英语中可以根据程度进行级别变化，分为原级、比较级和最高级。形容词的原级表示基本的特征或属性，比较级用于比较两个事物的属性，最高级则表示比较三个或三个以上事物的属性。形容词的级别变化通常通过在词尾加–er或–est来表示，也存在一些不规则的变化，如good变为better和best。

2.重视词序和词类

英语句子的结构在很大程度上受到词序的影响，同时也受到词性和词类的限制，这种结构体现了英语语法的基本规律和特点。英语的句子结构通常遵循"主语—谓语—宾语"的基本顺序，这是英语语法中最常见的句子结构之一。

主语通常是句子中的主要话题或执行动作的实体，它一般位于句子的开头或动词之前，起到作为句子的主题或逻辑中心的作用。主语可以是名词、代词或名词短语，如Mary、the dog、we等。谓语是句子中表达动作或状态的核心部分，它包括动词及其可能的补语，如形容词、副词等。谓语通常紧跟在主语之后，表示主语的动作、状态或属性，例如is running、ate dinner等。宾语是动作的承受者或作用对象，它说明动作的影响或作用方向。宾语一般紧随在谓语动词之后，直接受到动作的影响，可以是名词、代词或名词短语，例如an apple、the book等。除了主语—谓语—宾语的基本顺序外，英语句子还可以根据需要使用其他句子结构，如主语—谓语、主语—连系动词—表语等。这种词序灵活性的变化取决于语境和表达意图，但总体上仍然遵循英语语法的基本规则和约定。

3.冠词和复合词

英语中的冠词（the、a/an）和复合词是语言学中重要的现象，它们在名词的特指性和词汇扩展方面发挥着关键作用。冠词的使用可以帮助区分名词的特指和泛指，而复合词则丰富了英语的词汇表达方式。

冠词在英语中用于区分特指名词和泛指名词。冠词the用于特指某个特定的事物或概念，常用于上下文已知的对象或已提及的事物，例如The cat is on the table（这只猫在桌子上）。而不定冠词a（在辅音开头的词前用a，如a cat）或an（在元音开头的词前用an，如an apple）用于泛指某一类事物或任意一个实例，例如A cat is an animal（猫是一种动物）。英语中的复合词是由两个或更多个词组合而成的新词汇，通过这种方式可以创造出丰富多样的词汇表达。复合词可以是名词、形容词、动词等词类的组合，常用于扩展词汇范围或形成具有特定含义的新词。例如，football（足球）由foot（脚）和ball（球）组合而成，blackboard（黑板）由black（黑色）和board（板）组合而成，sunflower（向日葵）由sun（太阳）和flower（花）组合而成。

冠词和复合词的运用丰富了英语的语言表达方式，使得句子更加具体、准确和生动。对于英语学习者来说，掌握冠词的用法和复合词的构成规则是提高语言表达能力和理解能力的重要一步。此外，对于语言学研究者而言，冠词和复合词的使用也反映了英语语法和词汇结构中的规律和变化，对语言发展和演变的研究具有重要意义。

4.时态和语态

英语动词可以根据不同的时态进行词形变化。常见的时态包括一般现在时、一般过去时、一般将来时、现在进行时、过去进行时、将来进行时等。动词的时态变化通常在原形的基础上添加特定的词尾或辅助动词来完成。例如，对于一般现在时，动词原形直接用于主语第三人称单数时，在第三人称单数时添加-s或-es后缀，如play变为plays；对于一般过去时，动词原形的词尾通常变为-ed形式，如talk变为talked；而进行时态则需要辅助动词be和动词的现在分词形式，如"is playing"（现在进行时）、"was playing"（过去进行时）。

英语动词还可以根据语态的需要进行词形变化，主要分为主动语态和被动语态。被动语态的构成通常需要辅助动词be和动词的过去分词形式。例如，"The book is read by Tom"（这本书是汤姆读的）中的动词read就是被动语态的过去分词形式。

动词时态和语态的词形变化在英语中具有重要的语法作用，它们能够准确地表达动作发生的时间、状态以及动作的执行者或承受者。对于英语学习者来说，掌握动词时态和语态的词形变化规则是提高语言运用能力的关键，有助于正确理解和表达英语句子中的时间关系和动作状态。

5.情态动词

英语中的情态动词系统是语法中重要的组成部分，用于表示说话者对行为或状态的态度、情感或推测。这些情态动词包括can、could、may、might、shall、should、will、would、must、ought to等，它们在语境中起着表达可能性、必要性、建议等语气的关键作用。

情态动词可以用来表示可能性或推测。例如，can 和 could 表示能力或可能性，may 和 might 表示可能性或推测，如 "He can speak Spanish"（他会说西班牙语）和"It may rain tomorrow"（明天可能会下雨）。

情态动词可以用于表示必要性、义务或建议。例如，must 表示必要性或强烈的推断，shall 和 should 表示义务、命令或建议，如 "You must finish your homework"（你必须完成作业）和"We should go to bed early"（我们应该早点睡觉）。

情态动词还可以用来表示许可或请求。例如，can 和 may 表示允许或请求，如 "Can I borrow your book?"（我可以借你的书吗？）和"May I come in?"（我可以进来吗？）。

情态动词在句子中通常与动词原形搭配使用，并且情态动词有特别的语法特点，例如情态动词本身没有人称和数的变化。英语中丰富的情态动词系统为语言的表达提供了灵活性和丰富性，使得说话者能够准确地表达态度、推测、建议、意愿等语气。对于学习英语的人来说，掌握情态动词的用法和语境是提高语言表达能力的重要一步，有助于准确理解和运用英语语法中的情态语气。

## 二、语法差异反映的思维模式

### （一）汉语的思维模式

#### 1.整体性和概念性

汉语作为一种语言体现了整体性的思维方式，强调概念之间的关联和整体的把握。这种特点体现在汉语词汇和句子的表达方式中，常常通过构建概念和整体来理解事物，反映了汉语语言背后的文化和认知特点。

汉语词汇中很多词汇具有抽象和整体性的特点，常常通过组合形成新的概念。例如，"家庭"这一词汇不仅指代一个具体的家庭单位，更包含了家庭成员之间的关系、情感和责任，体现了家庭作为一个整体的概念。另一个例子是"天空"，这个词不仅指代空中的蓝天白云，还蕴含了自然界的广阔和神秘，这都体现了汉语思维中对整体环境的综合把握。汉语中很多句子的表达方式也体现了整体性的思维方式。汉语句子常常通过整体的描述来传达意思，强调事物之间的关联和整体的情境。例如，"他是一个好学生"这个句子不仅表达了他的学习成绩好，还涵盖了他的学习态度、品德等多个方面，是对他的整体评价。

汉语整体性的思维方式反映了中国传统文化中的"天人合一""万物一体"的哲学观念，强调事物的内在联系和整体的平衡。这种思维方式也影响了汉语的表达方式，使得汉语更加注重语境和情境的综合理解，强调整体性和综合性的思考方式。

#### 2.含蓄和间接

汉语在表达上常常是含蓄和间接的，倾向于通过上下文和暗示来传达信息，比英语更加注重含蓄和委婉的表达。这种语言特点反映了汉语文化中的沉稳和内敛，也体现了汉语语言的独特魅力和表达方式。

汉语的含蓄和间接表达体现在词汇和句式的选择上。汉语中常用一些含蓄的词语和句式来表达情感或意图，避免直接的言辞，例如使用委婉的措辞或模糊的表述。比如，用"有些许不便"代替"有点不方便"，用"或许可以考虑一下"代替"你可以考虑一下"。汉语有时通过上下文和暗示来传达信息，而不像英语那样直截了当。在汉语交流中，常常通过非言语的方式（如语气、表情、肢体语言）来传递更多的信息，而非仅仅依赖语言的文字表达。这种方式使得汉语交流更富有情感和表情，也更能够体现交流双方的默契和理解。汉语中常用的成语、谚语和典故也是一种含蓄和间接的表达方式。这些古代典故和谚语通常包含丰富的文化内涵和象征意义，通过引用这些典故和谚语，说话者可以间接地表达自己的观点或态度，使语言更加富有诗意和哲理。

汉语的含蓄和间接表达方式反映了中国文化中尊重他人感受、注重人际关系和谐的价值观念。在汉语交流中，这种表达方式不仅体现了文化的特色，也体现了语言的灵活性和多样性，为跨文化交流和理解提供了独特的视角和体验。

3.重视情境和关系

汉语语法和词汇结构的特点在于更加注重语境和关系的表达，汉语中的名词、量词、动词和语气助词等语法现象，更多地体现了语境和关系的重要性。

汉语中的量词是一种特有的语法结构，用于表示所指物体的数量或单位。量词与具体的名词搭配使用，形成一种语境上的关联。例如，"一本书"中的"本"是书籍的量词，"两杯水"中的"杯"是水的量词。不同的量词可以传递不同的语境和关系，体现了汉语在数量表达上的灵活性和细致性。

汉语中动词的语气助词是另一个重要的语法现象，用于表达说话者的态度、情感或语气。动词的语气助词可以增强句子的语气和情感色彩，体现说话者与听话者之间的关系和情感交流。例如，"你来了啊"中的"啊"表示惊讶或兴奋的语气，"请你坐下吧"中的"吧"表示委婉的建议或请求。

汉语语法和词汇结构的这种特点反映了中国文化强调人际关系和情境的

重要性。汉语强调通过语言的细微差别来传递更丰富的信息和情感，重视言辞中的含蓄与暗示，使得交流更加细致和体贴。这种语言特点也体现了汉语作为一种沟通工具的文化价值和社会意义。

（二）英语的思维模式

1.逻辑分析

英语语言的逻辑和分析性体现在其严谨的语法结构和句法规则中。英语的句子强调动作的执行者、动作本身以及作用对象之间的关系。此外，英语的名词复数、动词时态和语态等语法变化反映了对时间和逻辑关系的精准表达。例如，动词的时态可以清晰地区分动作发生的时间顺序，而语态则准确地表达动作的执行者和承受者关系。英语在表达细节和概念分解方面较为突出。英语词汇丰富而精确，可以用具体的词汇来描述事物的细微差别和具体特征。英语的名词可以用专门的术语来区分不同的概念，动词和形容词的变化可以精确地表达动作和状态的变化。英语在学术、科技和商务领域中的广泛应用也反映了其较强的逻辑性和分析性。英语作为国际交流和合作的重要工具，其精准的语法和表达方式有助于高效地传达信息和观点，促进跨文化的理解和合作。

2.直接和明确

英语语言注重使用明确的词汇来传达信息。英语词汇丰富而具体，可以精确地描述事物的特征、状态和关系。通过选择恰当的词汇，英语能够直接表达想法和观点，使得信息传递更加准确和清晰。例如，用efficient来描述高效，用precise来描述精确，用innovative来描述创新，每个词汇都有其独特的含义和表达效果。英语语言的句法结构通常简明直接，使得句子结构清晰易懂。英语句子中的时态、语态和语气等语法要素能够精确地表达时间、动作和情感的关系，这提高了语言的表达效果和沟通效率。英语在学术研究和商务交流中的广泛应用也反映了其准确性和清晰性的重要性。在学术论文和商务文件中，英语语言要求准确无误、简练明了，以便于信息的传达和理解。

这种语言特点使得英语成为国际交流和合作的重要工具，促进了跨文化的交流和合作。

3.重视个体和动作

英语通过动词的变化来表达个体在不同时间和状态下的行为。动词的时态变化可以准确地显示动作发生的时间顺序，如一般现在时、一般过去时、现在进行时、过去进行时等。动词的语态变化则展示了动作的执行者和承受者关系，如主动语态和被动语态的转换。这种动词的变化使得英语能够准确地描述个体在不同时间点和情境中的行为和动作变化。英语通过名词的词性变化来展示个体的属性和特征。名词可以通过加前缀、后缀或其他形式的变化来表示不同的属性或分类，如形容词化或动词化。例如，将名词nation变为形容词national表示国家的属性，将名词child变为形容词childish表示孩子般的特征。这种名词的词性变化丰富了英语词汇的表达方式，使得个体的属性和状态得到更加精准的描述和理解。

4.强调时间和空间维度

英语作为一种语言，在其语法结构中体现了对时间和空间维度的重视，强调事件发生的时间和位置。英语的名词单复数形式反映了对事物数量和位置的关注。名词的单复数形式用于区分单个实体和多个实体，表现了事物的数量和分布情况。这种变化不仅涉及数学意义上的数量，还可以暗示事物的位置关系，增强了语言表达的清晰度和准确性。英语的介词和副词也在表达时间和空间的关系中起到了关键的作用。介词可以指示事件发生的地点、方向、时间等细节，而副词则用于描述位置和方位关系。例如，使用介词in、on、at等可以表达具体的时间点或范围，使用副词如here、there、everywhere等可以描述空间位置和方位关系。

英语的语法结构体现了对时间和空间维度的重视，通过动词时态、名词单复数和介词等语法元素，强调了事件发生的时间和位置。这种语言特点使得英语在交流中能够准确地传达动作发生的时机和事物的位置关系，为有效沟通和理解提供了重要的语言工具和框架。对于学习英语的人来说，深入理解和掌握英语的语法结构，特别是时态和名词变化规则，是提高语言能力和表达准确性的关键，也有助于更深入地理解和应用英语语言的特点和优势。

# 第二节　语法差异对双语者思维的潜在影响

## 一、双语者独特的思维方式

### （一）语言切换能力

1.思维的灵活转换

双语者能够以流畅的方式在两种或多种语言之间切换。这意味着他们可以根据沟通的需要，自如地转换不同语言。这种转换不仅包括词汇和语法的转变，还涉及对不同文化背景和语境的适应。例如，当双语者从一个语言环境切换到另一种语言环境时，他们会意识到言语中所承载的文化元素和隐含的意义，从而能够更准确地理解和表达观念。他们可以从一种语言的思维模式迅速切换到另一种语言的思维模式，思维模式具有高度的灵活性，这种转换并不会影响他们的沟通效果和表达清晰度。这种思维上的灵活性使双语者能够更全面地理解不同语言和文化之间的差异，进而拥有更开放和包容的心态。他们能够跳出单一语言的限制，从多种语言的视角去审视世界，从而拓展自己的认知边界并增强跨文化交流的能力。这种思维上的灵活性和跨文化的理解力，使双语者在国际交往、跨国合作以及跨文化交流中具备突出的竞争优势。

2.适应不同的语言环境

双语者在工作环境中展现出独特的语言应对能力。在跨国公司或国际组织中工作的双语者，能够根据工作需要自如地使用多种语言进行沟通。无论是参加会议、撰写邮件还是处理文件，他们能够根据对方的语言偏好灵活应对，从而有效地推动工作进展并促进团队合作。在社交场合中同样表现出色。无论是在宴会上，还是在朋友聚会，他们都能够根据所处环境选择合适的语言。这种语言适应性不仅让他们更容易融入当地文化，还有助于建立更加深入的人际关系。在旅行中也能够充分展示语言适应性的优势。在外国旅行时，他们能够快速学习和运用当地语言，与当地人交流并获取更丰富的旅行体验。这种能力使他们能够更好地理解并尊重不同文化，避免语言障碍带来的交流障碍，真正体验到当地的文化魅力。

## （二）文化意识和跨文化思维

### 1.理解多元文化

学习不同语言使双语者能够深入了解不同文化背景下的思维方式和习惯。每一种语言都反映了其所属文化的特点和价值观。通过学习这些语言，双语者逐渐领悟到不同国家和民族的生活方式、社会习惯以及对世界的看法。例如，某些语言中的特定词汇可能反映了当地文化中重要的价值观，而语法结构也可能反映不同文化的思维方式和逻辑。

通过语言学习，得以深入了解不同国家和民族的历史与传统。语言往往与特定的历史和文化密切相关，因此通过学习语言，双语者也间接地了解了相关国家或民族的历史演变和文化传承。这种知识不仅使他们能够更好地理解当地人民的行为和观念，也促进了对历史和文化多样性的认知。

学习不同语言培养了双语者对多元文化的理解和尊重。他们通过语言的学习，意识到世界上存在着各种各样的文化，每一种文化都有其独特的价值和贡献。这种跨文化的学习过程促使双语者更加包容和尊重不同文化，避免了对其他文化的偏见和误解。

### 2.增强文化敏感性

通过学习不同语言，深入接触到各种文化的思维方式和价值观。每种语言背后都承载着其所属文化的特征和历史积淀。因此，双语者在语言学习的过程中，不仅掌握了词汇和语法，更领悟到不同文化间的隐含规则和社交礼仪。这使得他们在跨文化交流中能够更加敏感和体贴地与他人互动，避免因文化差异而引起误解或冲突。

双语者的文化敏感性有助于建立良好的人际关系。在跨国交往或国际社交中，尊重并理解对方的文化是建立互信和友好关系的关键。双语者能够根据不同文化背景的特点，调整自己的行为和言辞，展现出更高的文化智慧和包容心态。这种体贴和尊重使得他们在人际交往中更受欢迎，也更容易建立起持久的人际关系网。文化敏感性对于国际合作和交流也至关重要。在国际商务、跨文化项目或国际组织中，双语者能够准确理解不同文化的期望和需求，从而更有效地推动合作与交流。他们能够适应不同的工作文化和团队氛围，化解文化差异带来的挑战，促进项目的顺利进行和成功落地。

（三）多重视角和思维弹性

1.多元化的表达方式

不同语言之间的语法结构、词汇和表达方式的差异赋予了双语者一种特殊的能力，使他们能够根据具体情境和语言特点选择最合适的表达方式，从而更准确地传达自己的想法和观点。这种能力使他们在解决问题时能够灵活运用不同语言的表达方式，从多个角度思考和解决问题。不同语言的语法结构和词汇使用各有千秋，反映了不同文化背景和思维方式。因此，双语者在交流时可以根据具体情境和对方的语言偏好，灵活选择合适的表达方式，以确保沟通的准确性和有效性。

在解决问题时能够从多个角度思考，灵活运用不同语言的表达方式。由于不同语言可能会有不同的语法逻辑和词汇表达，双语者可以通过对比不同语言的表达方式，拓展自己的思维边界。这种多角度的思考方式有助于他们更全面地理解问题，并寻找出最优的解决方案。

在跨文化交流和跨国合作中具备更强大的优势。他们能够理解并尊重不同文化背景下的语言和表达习惯，避免因文化差异而引起的误解或歧义。通过灵活运用多种语言的表达方式，双语者能够更好地融入不同文化的社交圈子，建立起更紧密和有效的人际关系。

## 2.创造性思维的促进

多语言的掌握使得个体可以跨越单一语言的限制，更广泛地接触和理解世界。每一种语言都是一种独特的文化载体，蕴含着不同历史、传统和价值观。学习不同语言，不仅仅是学习词汇和语法，更是在了解和体验不同文化的基础上进行思考。这种跨文化的体验为我们打开了新的视野，让我们能够以不同的角度看待问题，发现新的解决方案。不同语言之间的词汇差异和表达方式的多样性，常常会启发创新和创意。有些概念或情感在某种语言中可能有独特的表达方式，而这些方式可能在其他语言中并不存在。当我们掌握了多种语言，就可以在不同的语境中自由地运用这些表达方式，结合起来形成新的思维模式和创意点子。比如，某个概念在英语中可能需要几个词来表达，但在另一种语言中可能只需要一个词，这种简洁的表达方式可能会激发出全新的思考方式。双语者在思考和创作时具有更大的灵活性和创造空间。他们可以在不同语言之间自由切换，选择最合适的表达方式来表达自己的想法。这种语言的灵活运用，常常会促使我们超越传统的思维模式，勇于尝试新的表达方式。

## 3.适应复杂环境的能力

双语者在处理问题时能够利用多语言的优势。他们习惯于跨越语言和文化的界限进行沟通和交流。这种经验使得他们在面对不同背景、不同语言环境的人群时更加从容。在解决问题时，双语者可以更快地理解各方的观点和意图，避免因语言障碍而导致沟通不畅而产生误解。他们习惯于在不同语言之间切换，因此可以从多个角度对问题进行理解和分析。这种多元化的思维方式使得他们能够更全面地考虑问题，从而找到更具创新性和实效性的解决方案。在多语言环境中，语言表达和文化背景可能不断变化，需要快速适应和调整。因此，双语者在解决问题时更具有应变性，能够灵活调整思维方式和沟通策略，以应对不同情境下的挑战。

双语者在解决问题时更加开放和包容。他们有意识地融合多种语言和文化元素，借鉴不同文化的智慧和经验，从而创造出更具创新性和多样性的解决方案。这种开放的态度使得双语者能够在复杂的语言环境中保持冷静和灵活性，更好地处理和解决各种挑战。双语者在解决问题时展现出的灵活性、适应性和开放性，源于他们对多语言环境的熟悉和掌握。这种能力不仅仅体现在语言交流上，更反映在他们处理问题和应对挑战的整体方式上，为个人和社会带来了更多的可能性。

### （四）语言思维的交织

#### 1.概念借用和转化

双语者可能会从自己的母语中汲取丰富的文化概念，并尝试将其应用到学习的第二语言中。例如，某个文化中的俗语，在另一种语言环境中可能没有直接对应的表达，双语者可以通过解释和转译，将这种概念引入第二语言的交流中，从而以一种新颖的方式表达团队合作的重要性，启发他人的思考。

通过横跨不同语言和文化的思维方式，可以在跨文化交流中产生独特的创意。他们可能会将母语中独特的观念或思维模式转化为第二语言的表达，从而丰富交流的层次和内容。这种文化间的概念借用，常常为跨文化交流带来新的视角和理解，推动创新和思维的融合。在语言借用过程中展现出的灵活性和创造力，也让他们在跨文化交流中取得更大的成功。

#### 2.语言间的比较和对照

对比语言的语法结构是双语者常做的一种比较。不同语言的语法规则可能迥异，通过比较不同语言的语法特点，可以更深入地理解各种语言的逻辑和表达方式，从而培养出灵活的语言运用能力。词汇的对比也是双语者常用来拓展思维的方法之一。不同语言中的词汇可能有相似之处，也可能有完全不同的表达方式。通过比较词汇的异同，双语者可以建立起更丰富的词汇体系，同时也能够体会到不同文化对于事物的不同理解和表达方式。

对比语言的表达方式有助于拓展思维的边界。每种语言都有其独特的习惯用语、俗语和惯用表达，这些在另一种语言中可能找不到直接对应的表达。通过学习和比较这些表达方式，双语者可以学习到不同文化的思维模式和观念，从而拓宽自己的视野。语言间的对比能够使双语者更有能力跨越不同语言的界限思考问题。他们可以从多种语言的视角出发，审视同一个问题，从而产生更全面、更深入的理解和分析。这种跨文化的思维方式有助于在面对复杂和多样化的挑战时，提供更具创新性和实效性的解决方案。

3.语言切换和混合

语言切换和语言混合是双语者在日常生活中常见的现象。例如，当双语者与双语社区中的人交流时，他们可能会根据对方使用的语言来选择合适的表达方式。这种灵活的语言切换使得双语者能够更顺畅地进行交流，准确地表达自己的想法和情感，同时也增进了彼此之间的理解和沟通。不同语言的语法和表达方式各有特点，双语者在交流过程中需要不断调整自己的思维模式，以适应当前使用的语言。这种思维上的灵活性有助于双语者更全面地理解问题，从不同的角度思考和解决复杂的挑战。

语言切换和语言混合也促进了思维的交叉影响。当双语者频繁地在两种语言之间切换时，他们的思维模式会在不同语言的文化和逻辑之间交织和融合。这种交叉有助于激发创造性思维，使双语者能够融合不同文化背景和思维方式，产生新颖的观点和创意。他们在不同语言环境中自如地切换和应用语言，展现出高度的适应性。这种能力不仅在日常生活中有所体现，更在学习、工作和跨文化交流中发挥了重要作用，使双语者能够更加轻松地应对多样化的挑战。

4.文化交融和理解深度

语言是文化的载体和表达方式。每种语言都承载着特定文化的历史、价值观和思维模式。当双语者掌握了多种语言后，他们能够通过语言的交叉比较，深入体会不同文化背景下的思维方式和观念。例如，某种语言中可能存在特定的习惯用语或俗语，反映了该文化对于生活、人际关系或价值观的独特理解。通过比较不同语言中的这些表达方式，双语者可以逐渐理解和感受不同文化的内涵和精神。通过在不同语言和文化之间游走，双语者可以产生独特的思考和见解，并超越单一文化的局限性，拓展自己的思维空间。

文化交融促进了跨文化理解和尊重。双语者学习和使用多种语言，不仅仅是在掌握语言技能，更是在接触和体验不同文化。这种经历使他们更加开放和包容，能够更好地理解和尊重他人的文化背景和观念。通过语言的交叉影响，双语者可以建立起更深入的跨文化关系，促进不同文化之间的交流与合作。

（五）语言感知能力

1.语感和表达能力

语感是双语者通过长期学习和使用多种语言逐渐培养起来的一种感知能力。他们对于每种语言的音调、语调、节奏和韵律有着敏锐的感觉，能够准确地模仿和表达。这种语感的培养使双语者的语言表达更加地道和生动，不仅能够准确传达信息，还能够展现出语言的美感和魅力。在语言表达中能够灵活运用语言的节奏和韵律，使得他们的表达更加丰富和吸引人。例如，他们可以根据不同语境调整语调和音调，使表达更具感染力和说服力。这种能力让双语者在沟通中更加自信和高效，能够吸引听众的注意力并产生深远的影响。

语感的培养也使双语者在文学创作和口头表达方面表现出色。他们能够通过选择合适的词语、句式和语音，打造出富有韵律和美感的语言作品，让读者或听众产生共鸣。无论是写作诗歌、散文，还是进行演讲或辩论，双语者都能够利用自己的语感和表达能力，展现出独特的艺术感染力。语感的培养让双语者能够更好地融入不同语言和文化的环境中，展现出真实和自然的语言风格。

2.语法和语音的细节

对语法结构的敏感性使他们能够准确理解和运用不同语言的语法规则。不同语言的语法结构可能存在较大差异，包括词序、时态、语态等方面的变化。双语者通过对比和学习，能够逐步掌握不同语言的语法特点，从而在语言表达中避免常见的语法错误，保持流畅和准确。他们能够听出不同语言之间的发音差异，并且能够准确模仿和发音。这种语音敏感性使双语者在口语交流和语音学习中更具优势，他们能够更快地适应并掌握新语言的发音规则和语音特点，更加流利地运用不同语言。这种流利性不仅提升了双语者在日常生活和工作中的沟通能力，还为他们探索更广阔的语言世界提供了便利。

## 二、语法差异可能对双语者思维产生的影响

### （一）灵活性和适应能力增强

双语者需要不断在两种语言之间切换，因此他们必须熟练掌握每种语言的语法规则和结构。例如，有些语言可能强调名词性的变化，而另一些语言可能更注重动词的变化和时态。双语者学会了在不同的语法体系之间灵活转换，从而更自如地应对不同语境和交流需求。频繁的语法切换锻炼了双语者的适应能力。他们在使用不同语言时，会自动调整自己的语言模式和表达方式，以适应当前的语言环境。这种适应能力不仅体现在语法结构的应用上，还包括对文化背景和交流方式的灵活调整。

通过语法切换的实践，双语者逐渐培养了解决语言难题和应对沟通挑战的能力。他们能够快速理解和适应新的语言环境，因为他们已经具备了灵活运用语言的技能和经验。这种语法切换的训练使双语者在跨文化交流和跨语言沟通中更具优势，避免因语法差异而产生误解或困惑。双语者通过不断适应和调整，成为语言交流中的桥梁和纽带，促进了文化间的理解和交流。

### （二）意义表达的多样性

语言是思维的载体，而语法则是语言的基本组织规则。不同语言的语法结构影响着如何表达和理解特定的概念。举例来说，英语中强调动作的进行时态，而中文则通过动词后的词语来表示动作的状态变化。这种差异导致了在表达相同概念时的不同语法构造，使得双语者能够从不同角度去理解和描述同一事物或事件。

面对不同语法结构和表达方式，双语者需要灵活运用所学知识，选择合适的语言形式来进行表达。这种思维上的转换和适应促使他们从多个角度思考问题，开拓思维的广度和深度。意义表达的多样性使双语者能够更富有创造性地应用语言。他们可以从多种语言的视角出发，选择最合适和最生动的表达方式来传达自己的想法和情感。这种能力不仅促进了跨文化交流和理解，也丰富了双语者的语言体验和思维体系。

## （三）认知模式的变化

语法在语言中起着至关重要的作用，它决定了语言的组织方式、信息传递方式以及表达思想的形式。不同语言的语法反映了不同文化背景下的认知方式和价值观。举例来说，一些语言强调动作的完成状态，需要使用完整的动词形式和时态，这反映了对结果和成就的重视；而另一些语言更注重动作的进行过程，强调持续性和发展性，更多关注的是动作发生的时间和情境。通过学习和掌握多种语言的语法结构，逐渐接触和体验不同的认知模式，意识到不同语法模式之间的差异，并且在使用不同语言时灵活运用这些模式。这种经历可能会对双语者的认知方式产生影响，使其更加包容和开放。

双语者通过接触不同的语法模式，学会从多个角度思考和表达事物。他们能够理解和欣赏不同语言背后的文化特点和认知模式，从而更加灵活地应用这些模式来思考和沟通。在不同语言的认知模式之间转换自如，有助于培养出更为综合的认知方式。他们能够通过不同语言的表达方式，理解同一概念或情境在不同文化背景下的多重含义，进而形成更为开放和包容的思维模式。语法结构的学习也促进了双语者的跨文化交流和理解能力。他们能够更好地理解和尊重他人的语言习惯和思维方式，避免因语言差异而产生误解或偏见，从而促进文化间的交流和合作。

## （四）思维的整合与调节

掌握两种或多种语言，需要理解和应用不同语法规则和表达习惯。每种语言都有独特的句法结构、时态和语态等特点，双语者需要学会在不同语言之间灵活切换，适应不同的表达方式和思维模式。这种整合过程促使双语者能够更好地调节和控制自己的思维方式，培养处理复杂问题的能力。

整合两种语言的语法规则和表达习惯是一种认知挑战，需要双语者不断进行思维的调节和协调。他们根据不同的语言环境和交流需求，选择合适的表达方式和语法结构。这种思维的调节能力使双语者能够更灵活地应对各种情境和问题，不受单一语言模式的局限。

　　通过整合语言的语法规则和表达习惯，培养跨文化交流的能力。他们能够更好地理解和尊重不同文化背景下的语言习惯和思维方式，从而更有效地进行跨文化沟通和合作。这种跨文化能力对于处理复杂问题和推动国际交流具有重要意义。

　　整合两种语言的语法规则和表达习惯使得双语者具备了更广泛的思维视野和认知弹性。他们能够从多种语言的角度看待问题，更全面地分析和解决复杂的挑战。这种思维的调节和整合能力使双语者在面对复杂问题和跨文化交流时更具竞争力。

# 第六章　幽默的文化维度

幽默是一种跨文化的社会现象，它不仅是语言和交流的重要组成部分，还反映了特定文化的价值观、智慧和情感。幽默的表达方式和理解方式受到文化背景和社会习惯的影响，因此在不同文化中，幽默的表现形式和含义可能存在差异。

每个文化都有其独特的幽默风格和偏好，这些风格和偏好受到历史、信仰、价值观和社会结构的影响。例如，英国文化以幽默、嘲讽和双关语为特色，而法国文化则注重智慧、思辨和讽刺。特定的幽默形式和笑话在一定程度上反映了社区内部的价值观和社会习惯，促进了共鸣和认同感。通过幽默，人们能够表达对社会现象和权威的态度，同时增强彼此之间的情感联系。同一种幽默可能因为语言的翻译或文化背景的不同而产生不同的效果和意义。因此，跨文化交流中的幽默需要考虑目标受众的文化背景和价值观，以确保有效地传达和理解本意。

## 第一节　汉英语言幽默表达方式及其文化意蕴

### 一、语言形式和修辞手法

汉语和英语的幽默表达方式反映了不同文化背景下的思维方式和文化认

知，展现了语言形式和修辞手法在幽默中的独特应用。通过对比不同语言中的幽默方式，我们可以更好地理解和欣赏跨文化幽默的多样性和丰富性，促进跨文化交流和理解的发展。

汉语中常借助于谐音、双关和比喻等修辞手法，以言简意赅、富有文学性的方式表达幽默。成语和谚语中蕴含着丰富的智慧和幽默，通过简短而富有象征性的语言，传递出深刻的生活哲理和幽默趣味。例如，"杞人忧天""画龙点睛"等成语都能在简洁中展示出幽默和智慧，引起读者的共鸣。

英语中的幽默则更注重于语言的幽默性，运用双关语、讽刺和幽默引语等方式，展现出直率、风趣和机智的特点。英语幽默常常利用单词的多义性或音似来制造笑料，通过言辞的巧妙运用展现出幽默的表达方式。例如，英语中的双关语"Time flies like an arrow; fruit flies like a banana"（时间像箭一样飞逝；果蝇喜欢香蕉）就是一种经典的幽默双关语，利用了fly有"飞行""蝇"、like有"像""喜欢"的多重含义，带来意想不到的趣味。

## 二、文化内涵和历史传统

### （一）汉语中的文化内涵和历史传统

#### 1. 传承与智慧

在汉语文化中，幽默是一种充满智慧和传统的表达方式，常常与民间故事、传统节日以及文学作品相联系。通过对这些文化元素的引用和变形，人们创造出具有幽默性质的故事情节或角色，从而传达智慧和人生哲理。

在中国的传统节日中，元宵节的"猜灯谜"活动就是一个很好的例子。在这一活动中，人们以谜语形式表达幽默。这些谜语不仅仅是简单的解谜游戏，更是一种思维的锻炼和智慧的传承。有些谜语既具有幽默性质，又蕴含着对生活的理解和对人性的反思。这种幽默不仅仅是为了取悦，更多的是通过轻松的方式传达人们对生活的深刻反思和对道德观念的关注。除了节日活动外，汉语幽默还常常嵌入民间故事和文学作品之中。这些故事情节或角色常常具有象征性和寓意性，通过夸张、讽刺、对比等手法，传达着对生活智慧和人生哲理的思考。这种幽默不仅给人带来欢乐，更重要的是激发了人们对生活的思考和对智慧的追求。

2.嵌入成语和谚语中

汉语幽默常常嵌入成语和谚语之中。这些古老的语言形式蕴含着丰富的文化内涵和历史意义，代代相传。通过对成语和谚语的重新解读或变换，人们创造出新的承载了丰富的文化传统和价值观的幽默表达方式。比如"狐假虎威""画蛇添足"等成语常常被用来调侃或讽刺现实生活中的某些行为。

3.体现对生活的反思和道德观念的关注

在日常的幽默中，往往隐藏着对社会现象的观察和思考。人们常常利用幽默的手法来调侃社会上存在的不足或荒诞之处，以此引起人们对社会问题的关注。人们通过幽默的方式来揭示人与人之间的相处之道，以及揭露人性中的伪善、狡诈、自私等方面。这种幽默不仅使人发笑，更让人在笑声中思考人际关系的真谛和相处之道。通过幽默，人们传递着智慧和道德观念，引导人们思考生活的意义和人生的价值。因此，汉语幽默的价值远不止消遣，它是中国文化智慧和道德的精华所在，承载着对生活的深刻反思和对道德观念的关注。

（二）英语中的文化内涵和历史传统

1.反映西方文化特点

英语幽默是西方文化的一面镜子，它反映了英国和西方文化的特点，强调了自我调侃、讽刺以及对权威的批判。在英语幽默中，常常可以看到对社会现象的反思和对人性的解读，这成为英语幽默的一大特色。

英语幽默经常以自我调侃的方式展现。自嘲是英语幽默的常见形式，体现了西方文化中自我意识和自我评价的开放。通过自我调侃，人们展现了自己的幽默感和自信心，同时也传递了一种不拘泥于传统规范的态度。通过对社会、政治、文化等方面的讽刺，人们表达了对现实问题的不满。这种幽默反映了西方文化的批判精神和对自由言论的追求，也促进了社会的进步和改革。英语幽默也经常表现出对人性的理解和关怀。通过对人类行为、情感和心理的揭示，展现出对人性的深刻洞察和对情感的共鸣。这种幽默不仅让人发笑，更让人思考人类存在的意义和生活的真谛。

2.与英国文学和历史联系紧密

英语幽默经常与英国文学传统联系在一起。英国拥有丰富的文学遗产，例如莎士比亚的戏剧、狄更斯的小说、奥斯卡·王尔德的戏剧和小说等。这些文学作品中充满了幽默的元素，反映了英国人对生活的态度和对人性的洞察。通过幽默，人们不仅可以欣赏到文学的艺术之美，还可以领略到英国文化中独特的智慧和风情。英国的历史悠久，涵盖了许多重要的历史事件和人物。这些历史事件和人物常常成为幽默的素材，被用来讽刺或者调侃特定的社会现象或个人行为。通过幽默，人们不仅可以了解到英国历史的沧桑变迁，还可以体会到英国人对历史和传统的态度。

## 三、幽默表达的目的和风格

### （一）目的的差异

1.汉语幽默的目的

汉语幽默强调生活的隐喻和道德的教训，借助含蓄、文学性的表达方式，通过寓言、比喻或者讽刺的手法，传递对生活的深刻思考和对道德观念的关注。这种幽默常常融入民间故事、传统节日等文化元素之中，通过娓娓道来的故事情节或者富有哲理的谚语，让人在欢笑中领悟到生活的智慧和道德的真谛。汉语幽默往往深藏于细微之处，通过微妙的语言技巧和深刻的内涵，传递中国人对生活、人性和世界的独特理解。

2.英语幽默的目的

英语幽默注重语言的幽默性和句子结构的巧妙运用，通过丰富多彩的词汇选择、双关语、谐音和句型变换等手法，以简洁明快的语言表达出来，引人发笑。这种幽默不仅富有趣味性，而且展现了英语的灵活性和多样性，让人耳目一新。英语幽默常常体现出对权威和社会现象的批判和反思。通过轻松愉快的语言内容，英语幽默不仅可以使人放松心情，快速解除压力和紧张，还可以提升人们的心情和情绪。这种幽默常常体现出对生活的积极态度和对困难的乐观态度，为人们带来快乐和希望。

### （二）表达方式的差异

#### 1.汉语幽默的表达方式

成语和谚语既承载着丰富的文化内涵和历史意义，又具有简洁明了、含蓄深刻的特点，常常被巧妙运用于幽默场景中，引发人们的笑声和共鸣。通过对文化元素的引用和变形，创造出具有幽默性质的故事情节或角色，从而传达智慧和人生哲理。汉语幽默还常运用夸张、对比和象征等修辞手法，通过夸大事实或者刻意渲染某种情境的荒谬性，达到一种戏谑的效果，让人捧腹大笑。同时，通过对比和象征，也能够凸显问题的矛盾和荒谬之处，引发人们的思考和共鸣。

#### 2.英语幽默的表达方式

英语中的幽默表达方式多种多样，展现了其独特的风格和魅力。这种幽默性不仅体现在口语交流中，也常常出现在书面语言中。

双关语通过一个词或短语的两种或多种意思，让人产生意想不到的解读，从而引发笑声。这种双关语常常巧妙地运用语言的多义性或发音相似性。

通过夸张、扭曲或颠倒事实，讽刺幽默揭示了问题的荒谬和荒诞，引发人们的思考和共鸣。这种讽刺常常体现在漫画、幽默故事和政治讽刺中。引语往往是幽默、风趣的，能够吸引人们的注意力，产生共鸣。许多名人的幽默言论常常成为人们茶余饭后的笑料。最后，通过夸大事实或者刻意渲染某种情境的荒谬性，英语幽默达到了一种戏谑的效果，让人捧腹大笑。这种夸张和荒谬常常使幽默更具有吸引力和趣味性。

### （三）反映的社会现象和态度

汉语和英语的幽默表达方式在反映社会现象和态度上呈现出不同的文化

特征和价值取向。汉语幽默强调生活智慧和道德，注重人生哲理的体验和传承；而英语幽默更侧重于批判社会现象和权威，体现对社会问题和权力结构的反思和挑战。这种差异反映了不同文化背景下人们对于幽默及其社会功能的不同认知和应用。

# 第二节　跨文化交际中的幽默表达

## 一、语言和词汇的障碍

### （一）词汇差异和文化背景

词汇差异和文化背景确实是幽默在跨文化交流中面临的重要挑战。不同语言和文化之间的词汇差异可能导致幽默的失效或误解。例如，某个词语在一个文化中可能具有特定的含义或文化内涵，而在另一个文化中可能完全不同。因此，即使幽默的表达在一种语言中十分巧妙，但在另一种语言中可能无法有效传达，因为受众无法理解其中所蕴含的文化背景。即使两种语言中的词汇相同，但由于文化背景的不同，幽默也可能会被误解。要解决这一挑战，跨文化交流者需要深入了解不同文化的词汇差异和文化背景，并且在幽默表达中尽量避免依赖特定文化的词汇或背景。此外，对于听众或读者来说，也需要具备跨文化理解能力，尊重和包容不同文化的幽默表达方式，以减少误解和沟通障碍。

### （二）语音和语调

某些幽默可能涉及特定的语音或者语调，而不同语言之间的语音和语调也存在着差异。这种差异可能导致幽默在跨文化交流中无法被准确理解，因为语音和语调的变化可能会改变幽默的含义或者效果。

## 1.语音特点的影响

幽默往往依赖于特定的语音特点来产生效果。有些笑话或幽默表达可能依赖于特定的发音方式或语音技巧才能实现预期的效果。例如，某些双关语可能依赖于特定的语音巧合才能产生双重意义，或者某些幽默可能利用语音的变化来增强笑点。然而，这些语音特点在不同语言中存在差异，导致幽默在跨文化交流中无法被准确传达。一个在一种语言中非常风趣的笑话，在另一种语言中可能会因为语音特点的不同而丧失原有的幽默效果。

## 2.语调变化的影响

在不同语言中，语调模式和语音节奏的差异可能会导致相同的幽默产生不同的效果，甚至改变幽默的含义。在某种语言中，一种语调模式可能会使幽默更加风趣和轻松，但是在另一种语言中，同样的语调可能会被误解为严肃或者无趣。这种语调变化不仅影响着幽默的传达，还直接影响着听者对幽默的理解和接受程度。语调变化还可能使得幽默产生意想不到的效果。在某种语言中，一个本来平淡无奇的笑话，可能通过特定的语调模式或者语音节奏变得更加生动有趣，而在另一种语言中，同样的幽默可能会因为语调不当而丧失原有的幽默效果。

## （三）双关语和谐音

双关语和谐音的幽默效果可能会因为语言的词汇差异而大打折扣。某些双关语或谐音在一个语言中可能具有双重意义或者巧妙的音韵效果，但是在另一种语言中可能无法找到对应的词汇或者发音，导致幽默无法被准确传达。这种词汇差异可能会使得幽默失去原本的幽默效果，甚至产生误解。即使存在相似的词汇或者发音，双关语和谐音在不同语言的语境和文化背景下也可能不同，导致幽默的理解产生偏差。某种双关语或谐音在一个语言中可能具有特定的文化内涵或者语境，但是在另一种语言中可能无法被理解或者产生不同的理解。这种文化背景的差异可能会导致幽默的理解产生偏差，失去原本的幽默效果。

（四）文化背景和社会习惯

幽默常常受到文化背景和社会习惯的影响，在不同文化中，人们对于幽默的理解和接受程度可能存在差异。因此，即使幽默在语言上没有障碍，也可能因为文化差异而导致失效或者误解。

不同文化中存在着各自独特的价值观、信仰和社会习惯，这些因素会影响人们对于幽默的偏好和接受程度。不同社会中存在着各种不同的社交规范和行为习惯，这些习惯会影响人们对于幽默的表达和接受方式。例如，在一些社会中，直接而幽默的表达方式可能更受欢迎，而在另一些社会中，含蓄和委婉的幽默可能更受欢迎。因此，幽默的表达方式和接受程度也会因社会习惯的不同而产生差异。

## 二、文化隐喻和象征

（一）依赖特定文化的象征和隐喻

跨文化幽默的表达往往依赖于特定文化的象征和隐喻，要理解并欣赏跨文化幽默，就需要对不同文化的象征和隐喻有深入的了解。

每个文化都有其独特的象征物和符号，它们在幽默表达中起着重要的作用。这些象征物可能是特定的动物、植物、建筑物或其他物体，它们承载着文化的历史和精神内涵，常常被用作象征性的表达。例如，中国文化中的龙象征着权力和吉祥，常常被用来进行象征性的幽默表达。

隐喻是指通过比喻、暗示或夸张来传达某种含义或观点。不同文化中存在着各种各样的隐喻，它们反映了文化的特点和价值观。例如，西方文化中的"拿糖果当胡萝卜"就是一个隐喻，用来形容某些事物看似好但实际上毫无价值。只有深入了解不同文化的象征和隐喻，才能更好地理解幽默的含义和背后的文化内涵。因此，促进跨文化幽默的理解和欣赏，需要进行跨文化交流和学习，增进对不同文化的了解和尊重。

## （二）合适的幽默表达方式

文化隐喻和象征性元素在幽默中扮演着重要角色。它们可以是某一文化的习惯、传统、历史事件或社会现象的象征，以及通过比喻、隐喻等手法呈现的文化特点。一个关于某个国家的历史事件或民俗习惯的笑话需要听众对该文化有一定的了解才能理解其中的幽默含义。如果听众不熟悉特定文化的历史、传统、价值观或象征物，他们可能无法准确理解幽默中蕴含的文化意义。这会导致幽默失效，听众无法感受预期的笑点或情感共鸣。若听众误解了幽默的含义，可能会产生不良后果，甚至引发不必要的文化冲突。因此，跨文化幽默的创造者和传播者需要考虑到听众的文化背景和知识水平，选择合适的幽默表达方式，以确保幽默能够被准确理解和欣赏。

# 三、提供理解和包容的机会

## （一）增进文化尊重

每个文化都有其独特的价值观、历史传统和生活方式，而幽默恰恰是这些文化特色的生动体现。当我们能够理解并欣赏他人的幽默时，就像打开了一扇窗户，让我们可以窥探和感受其他文化的精髓和魅力。无论是民间笑话、谐音梗还是文学作品中的幽默，都可以让我们更加深入地了解其他文化，从而增进对其的尊重和欣赏。文化差异往往会导致误解，而幽默作为一种通用的语言表达方式，可以跨越文化和语言的障碍，使人们在轻松愉快的氛围中相互交流和理解。当我们能够欣赏他人的幽默时，就能够建立起更加积极和融洽的跨文化关系，促进不同文化之间的交流和互动。这有助于我们打破疆界，建立起一个更加和谐包容的世界。在面对不同文化的幽默时，我们需要以一种开放的心态去理解和欣赏，而不是用自己的文化标准去评判。这种包容性和开放心态将有助于我们接纳文化多样性，并愿意与他人共享彼此的文化特色和价值观。秉持包容和开放的态度，建立起更加和谐、和平的社会环境，让每个人都能够在这个大家庭中找到归属感和幸福感。

### （二）培养包容性和跨文化意识

#### 1.意识到文化多样性

每一个文化都有其独特之处，了解并尊重这些差异可以让我们更广泛地认识世界。比如，通过学习不同国家的节日习俗，我们能够感受到世界各地的文化精髓，从而打破狭隘的视野，拓展思维的边界。当我们能够理解并尊重他人的文化时，我们就能够更加轻松地与他人交流。尊重对方的文化差异是建立良好人际关系的基础，也是推动跨文化合作的动力。通过跨文化交流，我们能够借鉴他人的优点，弥补自己的不足，从而实现共同进步。在一个包容多元文化的社会中，人们能够更加和谐地共处。尊重他人的文化，就是尊重他人的存在和权利，这种尊重将会促进社会各界的团结和融合，建立起一个更加和谐、稳定的社会环境。

#### 2.学习跨文化交流技巧

在跨文化交流中，我们要学会倾听对方的观点和想法，尊重其文化背景和价值观念，建立良好的沟通基础，促进交流与理解。保持开放的心态，接纳对方的差异和特点，积极寻求解决问题的方法，促进交流的顺利进行。灵活运用不同的沟通方式，适应对方的文化习惯和沟通风格。超越自己的文化背景和观念，站在对方的角度去思考和理解问题，建立真正的跨文化友谊，实现文化交流与融合。

### （三）建立跨文化沟通的桥梁

幽默在跨文化交流中扮演着重要角色，是建立沟通桥梁的工具。不同文化的幽默风格展示了不同的文化特色，使人们更直观地感受到其他文化的特点和风情。这种分享文化特色的过程不仅增进了对其他文化的理解和认同，还促进了跨文化之间的和谐共处。幽默交流能够让人们更自然地展开互动，通过笑话、讽刺或双关语等方式表达观点，引发对话和讨论，激发创造力和想象力，推动文化的创新和发展。人们通过借鉴对方的幽默风格和元素，能促进文化交流和融合，最终实现文化的共生。

# 第七章　语言文化比较的前沿与挑战

　　语言文化比较是一个既有挑战性又充满前沿探索的领域。在全球化加速发展的今天，不同文化间的交流与融合变得日益密切，这使得语言文化比较变得尤为重要和复杂。

　　语言文化比较的前沿体现在对多元文化的理解与尊重上。随着人们跨国界的交流增多，理解不同文化背景下的语言使用和语言观念变得至关重要。比较研究可以帮助揭示不同文化间的共性与差异，促进跨文化沟通与理解。此外，前沿研究还包括对全球化影响下语言变迁和文化认同的探索，以及语言在跨国企业、政治和国际关系中的角色。

　　语言文化比较面临诸多挑战。首要挑战之一是语言的多样性和复杂性。世界上有数千种语言，每一种语言都反映了其所属文化的独特性，如何进行全面而深入的比较是面临的主要挑战。其次，文化背景和价值观的差异也增加了比较的复杂性。一个词语在不同文化中可能有截然不同的含义和象征，因此需要考虑文化语境的影响。最后，传统上的语言比较方法和工具也需要不断更新和调整，以适应全球化和数字化时代的需求。

　　在应对这些挑战的同时，语言文化比较也正朝着更加开放和综合的方向发展。学者们开始倡导跨学科的研究方法，将语言学、人类学、社会学、心理学等学科知识融合，以更全面地理解语言与文化之间的关系。同时，新兴技术的应用也为语言文化比较带来了新的可能性，例如机器翻译、语料库语言学分析等，这些技术的发展为大规模的跨文化研究提供了支持。

# 第一节　全球化对语言文化传承与变迁的影响

## 一、研究趋势和方向

（一）文化认知与语言使用

语言与文化之间的相互影响是当前学术界关注的重要课题。研究者们致力于探索语言的语法结构、词汇和表达方式如何反映出不同文化背景下的认知模式和思维方式。特别是在汉语和英语这两种代表性语言中，他们发现关于时间、空间、人际关系等概念的表达差异，深刻地反映了东西方文化的差异性。

汉语和英语作为代表性的东西方语言，反映了两种截然不同的文化传统和价值观念。语言中的语法结构和词汇选择不仅是沟通工具，更是文化认知的载体。例如，在时间观念上，汉语倾向于强调事件的顺序和持续性，而英语更注重精确的时间点和时态。这种差异反映了东方文化中的相对灵活和模糊的时间观念，与西方文化中精确和规范的时间观念形成对比。在空间和人际关系的表达上，汉英语言文化也存在显著差异。汉语中常用的尊称和敬语反映了东方文化中的尊重和礼仪，强调个人与社会关系的亲密和复杂性；而英语中更倾向于直接和简洁的表达方式，体现了西方文化中的个人主义和直接性。

这种语言差异背后是文化认知模式和思维方式的差异。研究者通过比较分析汉英语言文化的表达方式，揭示了不同文化背景下的人们如何理解和表达世界。这种研究不仅有助于加深对汉英语言文化的理解，还为跨文化交流和沟通提供了重要的启示和指导。

## （二）跨文化交流与交际策略

在当今全球化的背景下，跨文化交际变得越来越常见和重要。汉英双语者作为具有双重文化背景的个体，扮演着促进不同文化之间相互理解和合作的重要角色。然而，跨文化交际往往面临语言和文化的障碍，汉英双语者需要灵活运用语言和交际策略来克服这些障碍，确保交流的顺利进行。

研究者们关注汉英双语者在跨文化交际中的具体表现和策略选择。他们探究双语者如何根据不同文化背景调整语言的语气、用词和表达方式，以适应对方的交际习惯和文化期待。例如，在正式场合中，双语者可能会选择更礼貌和正式的语言表达方式，尊重对方的文化传统和礼仪规范；而在非正式交流中，双语者可能会更加直接和随意，营造轻松愉快的交流氛围。这种研究不仅关注双语者的语言行为，还深入探讨背后的文化因素和交际动机。研究者们探究双语者如何通过对语言的选择和调整，来体现对文化差异的理解和尊重，从而建立起有效的跨文化沟通机制。这种研究有助于揭示跨文化交际中的关键因素和成功策略，为实现更有效、更高质量的跨文化交流提供理论支持和实践指导。

## （三）翻译与文化转换

在汉英翻译过程中，文化转换是一个复杂而关键的环节。汉英两种语言和文化有着不同的历史、传统、价值观念和表达方式，因此，将一种文化的内容准确地转化为另一种文化的语境中是一项具有挑战性的任务。

翻译者们在文化转换中会遇到各种难题。例如，如何在翻译中保留原文的文化特色和情感色彩，同时确保译文在目标语言和文化中易于理解和接受。翻译者们面临着诸多挑战，例如如何处理文化隐喻、宗教信仰、社会习惯等与特定文化相关的内容。他们需要在尊重原文的基础上，灵活运用翻译技巧和文化适应性，以确保译文的质量和流畅度。不仅关注翻译的技术层面，更涉及文化理解和跨文化交流的深度。研究者们认识到文化在翻译中的重要性，强调翻译不仅是语言转换，更是文化传递和理解的过程。通过研究汉英翻译中的文化转换问题，他们为提升翻译质量和效果提供了重要的理论支持和实践指导。

（四）语言政策与教育实践

语言教育不仅是传授语言技能，更是培养文化意识和认同感的重要途径。通过教授汉英双语者关于东西方文化的知识以及跨文化交际技能，语言教育能够促进双语者对两种文化的理解和尊重，增强其文化认同感。

此外，研究者们还探讨语言政策对跨文化理解和交际能力的影响。语言政策的制定需要考虑到文化多样性和全球化的需求。通过提供双语教育、跨文化交流项目和语言培训机会，语言政策可以帮助双语者更好地适应跨文化环境，提高其在国际舞台上的交际能力和竞争力。此外，研究者们还关注如何制定有效的教学策略，促进汉英双语者的文化认同和跨文化交际能力。他们探讨如何在教学中融入跨文化素养的培养，引导学生理解和尊重不同文化背景下的价值观和习惯。同时，教师的培训和教学资源的开发也是关键，以支持双语者在文化认同和跨文化交际能力方面的全面发展。

（五）数字化时代下的语言与文化研究

随着信息技术的快速发展，研究者们开始关注数字化时代对汉英语言文化比较研究的影响。他们探索互联网、社交媒体等新兴平台在语言和文化传播中的作用，分析这些平台如何塑造和影响汉英语言的使用和传承。这种研究旨在理解数字化时代对语言和文化交流模式的革新，以及对汉英语言和文化比较研究的启示。

互联网和社交媒体为汉英语言的使用和传播带来了新的平台和机遇。随着人们在网上交流和分享信息的方式日益多样化，汉英双语者可以通过网络社区和平台展示自己的语言技能和文化认知。这些平台不仅促进了语言的传播和学习，还加强了文化交流和理解。数字化时代的影响使得语言使用更加多样化和灵活化。汉英双语者可以通过在线工具和应用程序进行实时翻译和交流，突破语言障碍，促进跨文化交流。这种数字化工具的普及，加速了汉英语言之间的互通互联，推动了语言和文化的融合与发展。

社交媒体平台也成为汉英语言文化比较研究的重要数据来源和研究对象。研究者可以分析社交媒体上汉英双语用户的语言使用习惯、话题偏好以及文化观念，从而揭示数字化时代下汉英语言和文化交流的特点和趋势。这些研究有助于加深对汉英语言文化比较的认识，拓宽研究的视野和深度。然而，数字化时代也带来了挑战和问题。例如，网络信息的快速传播可能导致语言和文化的误解或扭曲，需要研究者们加强对数字媒体中汉英语言文化传播的监管和研究。此外，数字化技术的普及也带来了新的语言障碍和文化冲突，需要开展更深入的研究来探讨解决方案。

## 二、全球化对语言文化的影响

### （一）语言多样性与语言丧失

全球化对语言多样性产生了深远的影响，既推动了信息和人员的流动，又加剧了部分语言的衰落和消失。因此，如何保护和维护濒危语言以及在全球化背景下传承和保持语言备受关注。

1.语言多样性受到全球化的影响

全球化推动了跨国交流和经济一体化，使得国际通用语言成为交流和商务沟通的主流工具。大部分人选择学习和使用这些主要语言，而较少使用的本土语言面临着逐渐失去使用者的困境。少数语言面临着来自主要语言的竞争和冲击，本土语言的传承和使用机会逐渐减少。全球化背景下，流行文化、媒体和教育系统的国际化加速了主要语言的传播。主流媒体、流行音乐、电影以及国际化的教育体系往往采用主要语言进行传播和教学，进一步削弱了濒危语言在社会生活中的地位和影响力。这种语言多样性的减少可能导致濒危语言所承载的文化传统丧失。

从学术角度来看，全球化对语言多样性的影响需要引起重视和深入研究。学者们应当关注全球化背景下语言变迁和演变的机制，探索少数语言社区在面对全球化挑战时的应对策略和生存机制。此外，学术界还应关注濒危语言的保护和传承问题，探索在全球化时代如何有效地维护和传承语言多样性，以及如何保护文化传统和社区认同。在这个过程中，语言学、文化研究、社会学等学科的跨界合作显得尤为重要。通过学术研究和政策建议，我们可以更好地理解全球化对语言多样性的影响，为保护和传承濒危语言提供理论支持和实践指导，促进全球文化多样性的共存和发展。

2.保护和维护濒危语言的措施

针对濒危语言，国际社会和相关组织已经提出了一系列保护和维护措施，旨在促进语言使用和传承的复兴，以及保护濒危语言的生存空间。政府、学术机构和非政府组织在这一过程中发挥着关键作用，通过资助语言项目、开展语言调查和记录工作等方式，推动濒危语言的使用和发展。

国际社会和相关组织致力于制定和实施语言政策和法律，以保护和促进濒危语言的传承和使用。这些政策和法律旨在提供法律保障和政策支持，鼓励本土语言在教育、媒体和社会生活中的应用，从而增强濒危语言的生存能力和影响力。

许多国家通过立法和行政措施，制定专门的语言保护政策和法律，支持濒危语言的传承和发展。学术机构和非政府组织还组织和支持语言教育和文化活动，推动濒危语言的社区使用和传播。

重视语言多样性的保护和传承至关重要。维护濒危语言不仅是保护文化遗产，也是维护人类共同语言遗产的重要举措。通过国际合作和持续努力，可以实现对濒危语言的保护和传承，确保每一种语言都能在全球化的浪潮中得到充分的尊重和保留足够的生存空间。全球化对语言多样性带来了挑战，但也为保护和传承濒危语言提供了新的机遇和平台。通过加强国际合作、制定有效的政策措施，以及提升公众意识和参与度，可以共同努力保护和传承人类丰富的语言遗产，实现语言多样性与文化多样性的共存。

## （二）跨文化交流与语言变迁

全球化促进了语言间的互动和交融。随着人员和信息的跨国流动，不同语言的使用者之间的交流日益频繁，导致语言间的借词现象愈发普遍。许多语言从其他语言中借用词汇，丰富了自身的表达方式和语言风格。例如，英语中的许多单词源自拉丁语、法语和德语等其他语言，反映了语言之间的互动和融合。语言的变迁不仅表现在词汇的借用，还体现在语法结构和语言习惯的改变上。随着跨文化交流的增加，不同语言之间的语法和表达方式可能发生变化，逐渐形成新的语言风格和习惯。这种变迁反映了语言在全球化背景下的动态演变和调整。随着跨国企业和国际组织的发展，英语等国际通用语言在商务和科技领域中得到广泛应用，促进了跨语言交流和合作。同时，也推动了多语种交流模式的发展，使得人们更加重视多语言能力和跨文化交际技巧。

## （三）语言权力与挑战

全球化提高了少数主要语言在国际政治、经济和文化领域的地位和影响力。许多跨国公司和组织使用英语作为官方工作语言，国际会议和学术期刊也普遍采用英语。这种广泛应用进一步强化了英语在全球化进程中的主导地位。然而，全球化也带来了语言权力分配不平等的问题。许多少数语言面临着被边缘化和排斥的风险，因为它们缺乏国际影响力和应用场景。例如，一些地方性语言或少数民族语言可能无法在国际舞台上获得足够的支持和认可，导致其在社会生活中的地位逐渐下降。这种不平等影响了语言的保持和变迁。一些语言可能面临被主导语言影响和改变的风险。为应对这种语言权力不平等带来的挑战，国际社会和相关组织采取了一系列措施。例如，联合国教科文组织通过支持多语言教育和文化项目，促进少数语言的保护和传承。一些国家也制定了语言政策和法律，鼓励多语言使用和传播，以维护语言多样性和保护文化遗产。

### （四）数字化时代的语言文化

数字化技术促进了语言的全球化传播。互联网和社交媒体的普及使得人们可以轻松地跨越国界使用不同语言进行交流和信息分享。例如，视频会议和即时通信工具使得跨国交流变得更加便捷，而在线翻译工具则促进了不同语言之间的实时交流。数字化时代的语言传播方式加速了语言的全球化融合，为语言的广泛传播提供了新的机遇。

数字化技术改变了语言的传播载体和形式。传统媒体如书籍、报纸和电视节目逐渐向数字化平台转移，许多语言内容以数字化形式存在于互联网和移动应用中。数字化媒体的普及使得语言表达更加多样化和丰富化，例如，社交媒体上的短视频和网络漫画成为流行的语言传播方式，为语言的创新和发展提供了新的空间。

然而，数字化时代也给语言保持和传承带来了挑战。一些少数语言面临数字鸿沟和信息贫困，因为它们缺乏数字化内容和平台支持，难以在互联网上得到广泛传播。此外，数字化时代的信息过载和碎片化可能影响语言的深入学习和传承，使得一些传统语言面临被边缘化的风险。面对数字化时代的挑战，研究人员提出了一些应对策略。他们倡导通过数字化技术来促进语言的保持和传承，例如开发本土化的数字内容和应用程序，推广在线语言教育和文化交流平台，以及培养数字化时代的语言学习和传播习惯。这些举措有助于弥合数字鸿沟，促进语言多样性和文化遗产的传播与交流。

## 第二节　文化全球化视域下语言文化研究的困境与对策

### 一、文化全球化给语言文化带来的挑战

文化全球化是当今世界不可忽视的重要现象，其影响深远而复杂。随着

科技和经济的飞速发展，文化元素在全球范围内迅速流动和传播，跨越国界和文化障碍，形成了前所未有的交流格局和文化融合现象。

在这个数字化时代，互联网和社交媒体成为推动文化全球化的重要动力。人们可以通过在线平台观看来自世界各地的影视作品、听取多种语言的音乐、阅读跨文化的文学作品，实现跨越地域的文化体验和交流。这种广泛的信息传播和文化互动，让人们更加容易了解和欣赏其他文化的精彩和独特之处。

然而，文化全球化也带来了一些挑战和反思。一方面，随着主流文化的全球传播，一些地方性、民族性的文化面临着被边缘化和消解的风险。全球化使得一些大众化的文化产品占据主导地位，导致本土文化的传承和发展受到挑战。另一方面，全球化的文化融合也可能导致文化同质化的现象，一些地区的文化特色逐渐消失，社会的多样性受到影响。

因此，面对文化全球化带来的变革，我们需要审慎看待和积极应对。保护和传承本土文化的重要性愈发凸显，需要通过制定文化政策、支持本土艺术和文化项目，以及促进跨文化交流和理解，确保文化多样性在全球化进程中得以充分表达和保护。文化全球化既是机遇也是挑战，我们应该以开放的心态迎接多元文化的交流和碰撞，推动文化发展和共享，实现全球文化的和谐共存和持续繁荣。

## 二、应对策略

### （一）保护和传承本土语言

#### 1.支持本土语言教育项目

本土语言教育项目是保护语言多样性的重要举措。在学校和社区开设本土语言课程和举办培训活动，为学生和社区成员提供学习和使用本土语言的机会。通过教育，我们可以培养更多人使用和传承本土语言，保持其活力。制定高质量的本土语言教材和开发优质的教学资源，以满足学习者的需求和教学目标。此外，投入资金支持本土语言教育项目的发展和运营，确保教育资源的充足和教学质量的提高。

2.推动本土语言的数字化和记录工作

开展本土语言的数字化和记录工作是保护语言多样性的重要举措。通过录制口述历史、收集语言资料和建立语言数据库，我们可以有效地记录和保存本土语言的口头和书面形式。这些工作不仅有助于研究学习本土语言的语法和词汇，还能够捕捉和传承本土文化的精髓。利用数字化技术和在线平台促进本土语言的保存、传播和分享具有重要意义。通过建立在线语言资源库和数字化档案馆，我们可以让更多人轻松地获取和学习本土语言。利用社交媒体和在线教育平台，还可以扩大语言传播的范围和影响力，让本土语言走出社区、走向世界。

（二）促进跨文化交流与理解

教育是提升意识和培养跨文化交际能力的关键。在教育体系中加强跨文化教育，推广跨文化交际课程和项目，可以有效培养学生的跨文化意识和交际能力。通过学校、社区和媒体等渠道，加强公众对不同文化之间共存和互动的认知，提升人们的文化包容性和尊重他人文化的意识。促进多样性和包容性是实现跨文化交流和互动的重要策略。倡导多元化和包容性的社会环境，鼓励不同文化群体之间的交流和合作，能够促进文化多样性的体验和认知。支持和推广跨文化活动和项目，如国际文化节、艺术展览和文化交流会议，也可以有效促进不同文化之间的互动和交流。

建立跨文化合作机制是推动跨文化交流的关键步骤。发展跨文化合作机制和平台，促进国际组织、政府部门、企业和非政府组织之间的文化交流和合作，能够推动不同文化之间的互动和共享。

利用新技术和社交媒体是促进跨文化交流的重要手段。借助新技术和社交媒体平台，我们可以促进跨文化交流和信息共享，打破语言和地域的障碍。通过数字化工具，开展跨文化合作项目和在线交流活动，加强不同文化之间的联系和了解。

培养跨文化交际能力是实现跨文化交流和互动的关键因素。开展跨文化交际培训和讲习，提升个人和组织的跨文化交际能力，强调跨文化交际的重要性和技巧，提高人们在跨文化环境中理解、尊重和应对不同文化的能力。

### （三）语言政策制定和执行

#### 1.少数保障语言权益

通过立法和政策保障少数语言群体的语言权益，包括在政府、教育、司法和社会服务领域使用本土语言的权利，以及制定法律保护濒危语言和文化，鼓励社区和组织参与语言保护和传承活动，我们可以有效促进文化多样性和语言传承，保护濒危语言和文化的独特价值和意义。这些措施将有助于建设一个更加包容、多元和充满活力的社会，维护全球文化遗产的丰富性和独特性。

#### 2.提升社会宣传意识

加强社会宣传，提倡语言多样性的重要性和价值。通过开展宣传活动，包括举办语言多样性主题的讲座、展览和座谈会，制作宣传片和海报等，向公众普及少数语言群体的语言和文化。这些活动可以加深人们对语言多样性的认识和理解，促使社会更加重视和尊重少数语言群体的语言权益。

### （四）利用数字化技术促进语言传播

开发本土语言应用和工具是重要的措施。通过开发本土语言的移动应用程序和在线工具，提供语言学习、翻译、社交和娱乐等功能，可以吸引更多用户参与和使用本土语言。例如，开发针对特定语言的语音翻译应用或本土文化教育游戏，以增强用户的语言学习和体验。

创建多媒体内容和社交媒体平台是促进本土语言和文化传播的有效途径。制作本土语言的音频、视频和图像内容，如歌曲、故事、电影和节目，可以丰富语言的表达和传播形式，吸引更多人关注和了解。

在社交媒体平台上建立本土语言社群和页面，推广本土语言和文化，促进用户之间的互动和交流，进一步扩大语言传播的范围和影响力。

支持语言数字化和档案记录是保护和传承本土语言的重要举措。进行本土语言的数字化和档案记录工作，包括口述历史、文化传统和语言文本的记录，可以有效保存和传承语言的历史和遗产。

建立本土语言的在线数据库和资源库，提供开放可获取的语言资料，有助于促进语言的研究和传播，让更多人能够接触和学习本土语言。

开展网络教育和远程交流是拓展本土语言传播渠道的有效方式。开设本土语言的在线课程和远程教育项目，面向全球学习者提供语言学习和文化体验，可以促进语言的传播和交流。利用在线会议平台，组织跨地域的本土语言交流活动和文化展示，增加语言交流的机会和范围，让本土语言在全球范围内得到更广泛的认知和使用。

鼓励创新和合作是推广本土语言和文化的关键策略。通过数字化技术和新媒体平台，鼓励本土语言使用者和文化创作者创新表达方式，开发新颖的语言和文化产品，提升语言的可见度和吸引力。推动本土语言和文化领域的合作与交流，促进跨界融合和创意产出，有助于丰富语言和文化的多样性，推动本土语言在数字化时代的传播和发展。

# 结语

在汉英语言文化比较研究中，我们探讨了两种语言文化之间的联系和差异，以及这种比较研究对跨文化交流和理解的重要性。汉英语言文化比较研究是一项跨学科的探索，涉及语言学、文化研究和跨文化交流领域。通过比较汉语和英语的语言结构、语法特点、词汇习惯、表达方式等方面，我们可以发现这两种语言文化所代表的东西方文化传统之间的共性和差异。汉语和英语作为代表性的语言，各自反映了东西方国家的历史、社会、价值观念和思维方式。

文化差异是汉英语言文化比较研究的核心内容之一。语言是文化的载体，每种语言的语法结构和词汇特点都反映了特定文化背景下的认知模式和价值观。例如，汉语强调人际关系和社会身份，反映了东方文化中的集体主义和礼仪观念；而英语更注重个人主义和自由精神，体现了英语国家的独立和个性。通过汉英语言文化比较研究，我们可以更好地促进跨文化交流和理解。比较分析不同语言文化的特点，有助于人们更深入地理解和尊重他人的语言习惯和思维方式，避免因文化差异而产生误解和偏见。这种跨文化理解和交流是构建和谐世界的重要基础。此外，汉英语言文化比较研究拓宽了语言学习和教育的视野。学习者通过比较分析不同语言的语法规则和表达习惯，可以提高语言应用能力和跨文化交流能力。对于语言教育者来说，汉英语言文化比较研究为设计和开展跨文化教学和课程提供了重要的理论基础和实践经验。

汉英语言文化比较研究对国际交流与合作具有重要意义。在全球化背景下，跨国组织、企业和政府需要处理不同文化背景下的沟通和合作问题。汉英语言文化比较研究为国际交流与合作提供了重要的理论支持和实践指导，促进各国之间的交流与合作，推动全球化进程的发展。

汉英语言文化比较研究是一项重要的学术探索，通过比较分析汉语和英语的语言文化特点，揭示了两种语言文化之间的联系和差异，促进跨文化交流和理解，拓宽语言学习和教育的视野，推动国际交流与合作的发展，这项研究为构建和谐世界、推动人类文明进步提供了重要的理论和实践支持。

# 参考文献

[1]李君文.东西方文化价值观念对比与分析[J].外语研究,2000(1):29-
    32,41.

[2]于桂敏,白玫,苏畅.中西方价值观差异透析[J].辽宁师范大学学报(社
    会科学版),2006,29(5):11-13.

[3]王经芹.中西义利观及其对外交政策影响的比较分析——以中美对外援助
    政策为例[D].上海:上海外国语大学,2010.

[4]杨帆.中西集体主义与个人主义的价值观差异[J].湖北广播电视大学学
    报,2009,29(9):62-63.

[5]张大毛,张艋.浅论跨文化交际中的民族性格差异[J].西南民族大学学报
    (人文社会科学版),2011(2):50-52.

[6]陆文静.中西方传统思维方式差异研究[J].学术交流,2008(4):14-17.

[7]陈珞瑜.论导致中英(英语国家)社交语用失误的主要因素[J].武汉冶金
    管理干部学院学报,2002,12(2):47-50.

[8]李信.中西方文化比较概论[M].北京:航空工业出版社,2003.

[9]欧伟鹏.中西时间观差异在汉英语言文化上的体现[J].漳州职业技术学院
    学报,2022,24(3):90-95.

[10]罗燕.论汉英语言差异的表征及其文化渊源[J].黑龙江教师发展学院学
    报,2020(12):113-115.

[11]延慧.试析中西文化差异对汉英比喻修辞格使用的影响[J].青年文学家,
    2017(3):170-171.

[12]徐梦依.以汉语谚语英译为例浅析汉英语言文化差异[J].海外英语
　　（上），2016（9）：119-121.

[13]赵景梅.汉英语言映射下的中西方文化思维差异[J].安徽科技学院学报，
　　2015，29（5）：80-83.

[14]李兴玲.汉英语言中动物文化差异在跨文化交际中的体现[J].佳木斯职业
　　学院学报，2015（3）：297-298.

[15]臧国宝，白湜.汉英思维差异新究：语言、表达和文化[J].教育教学论
　　坛，2015（2）：275-276.

[16]杨修平.论汉英语言句法结构的文化差异[J].时代文学，2014（22）：
　　114-115.

[17]曲通馥.从跨文化交际角度浅析汉英语言文化差异[J].齐齐哈尔大学学报
　　（哲学社会科学版），2014（6）：113-115.

[18]胡颖.从中西文化不同浅谈汉英语言的差异[J].枣庄学院学报，2013，30
　　（4）：73-76.

[19]杨丽萍.礼貌原则在汉英语言文化中的语用差异[J].普洱学院学报，
　　2013，29（1）：105-108.

[20]谭幸.中西方思维方式差异在汉英语言和文化上的体现[J].吉林省教育学
　　院学报（学科版），2012（9）：132-134.

[21]李颜霞.从中西传统文化内涵看汉英语言差异的表征[J].剑南文学（经典
　　教苑），2012（1）：117-118.